ACCOUNT-BASED MARKETING
ORQUESTRAÇÃO

A metodologia eficaz para vendas complexas em **contas-alvo**

Felipe Spina

ACCOUNT-BASED MARKETING
ORQUESTRAÇÃO

A metodologia eficaz para vendas complexas em **contas-alvo**

Felipe Spina

www.dvseditora.com.br
São Paulo, 2023

ACCOUNT-BASED MARKETING

DVS Editora 2023 — Todos os direitos para a língua portuguesa reservados pela Editora.

Nenhuma parte deste livro poderá ser reproduzida, armazenada em sistema de recuperação, ou transmitida por qualquer meio, seja na forma eletrônica, mecânica, fotocopiada, gravada ou qualquer outra, sem a autorização por escrito dos autores e da Editora.

Coautoria: Gabriela Grespan
Revisão Técnica: Gabriela Grespan
Ilustrações: Nicholas França
Revisão de texto: Hellen Suzuki
Design de capa, projeto gráfico e diagramação: Bruno Ortega
ISBN: 978-65-5695-104-1

```
Dados Internacionais de Catalogação na Publicação (CIP)
        (Câmara Brasileira do Livro, SP, Brasil)

Spina, Felipe
    Account-based marketing : orquestração : a
metodologia eficaz para vendas complexas em
contas-alvo / Felipe Spina. -- São Paulo : DVS
Editora, 2023.

    ISBN 978-65-5695-104-1

    1. Estratégia de marketing 2. Marketing 3. Vendas
- Técnicas I. Título.

23-175419                              CDD-658.8

            Índices para catálogo sistemático:

    1. Marketing    658.8

    Eliane de Freitas Leite - Bibliotecária - CRB 8/8415
```

Nota: Muito cuidado e técnica foram empregados na edição deste livro. No entanto, não estamos livres de pequenos erros de digitação, problemas na impressão ou de uma dúvida conceitual. Para qualquer uma dessas hipóteses solicitamos a comunicação ao nosso serviço de atendimento através do e-mail: atendimento@dvseditora.com.br. Só assim poderemos ajudar a esclarecer suas dúvidas.

SUMÁRIO

SOBRE O AUTOR: FELIPE SPINA 6

AGRADECIMENTOS 8

PREFÁCIO 11

INTRODUÇÃO 12

1. O QUE É ABM? 26

2. PROFISSIONAL E TIME DE ABM 62

3. VENDER PARA QUEM? 82

4. ORQUESTRAÇÃO DE ABM 92

5. PERSONALIZAÇÃO É A CHAVE 112

6. PARA COLOCAR O ABM EM PRÁTICA 124

7. ABX 138

8. OUTRAS OPINIÕES TAMBÉM IMPORTAM 147

CONSIDERAÇÕES FINAIS 155

SOBRE O AUTOR:
FELIPE SPINA

Bio completa: https://www.fspina.art

Autor de 4 livros, CEO e cofundador do Maestro ABM, Primeira plataforma de orquestração em contas-alvo no Brasil:

https://maestroabm.com

Desde 2003, ajuda pessoas e empresas pela internet.

Participei do primeiro time de Growth Hacking da Resultados Digitais (RD Station), onde escalamos de 100 a 700 funcionários, de 1.000 a 12.000 clientes em 6 países, passando por 3 rodadas de investimentos.

Premiado como Profissional Digital na categoria Mídia pela ABRADi-SP em 2017.

Foi head of growth e sócio do Distrito, com números incríveis:

O número de clientes foi de 10 para 80 empresas.

O número de startups residentes foi de 30 para 830.

Quando entrou, foi 14º colaborador; atualmente o Distrito tem +230 colaboradores.

Acessos ao site saíram do ZERO (de acordo com o Google Analytics) para +100.000 usuários únicos por mês.

Foram +100.000 downloads de reports gratuitos e +800 assinantes nos reports premium.

Rodada SEED com a VIA comprando 16,6% da participação.

Atualmente, como CEO e cofundador da Maestro ABM, já foram:

- 13 pessoas no time.
- 2 rodadas de investimento.
- 100 Startups to Watch 2023.
- +30 clientes atendidos.
- +300 profissionais certificados em ABM.
- 3 eventos patrocinados.
- +35 novos artigos publicados no portal.
- +230.000 de visualizações no primeiro portal de ABM (Account-Based Marketing) do Brasil: https://www.accountbasedmarketing.com.br
- 142 videos no YouTube.
- 20 episódios do podcast *ABM na Prática*.
- +500 minutos de conteúdo em áudio através do podcast, mais que 84% de outros da categoria.
- 312 profissionais na comunidade ABM Brasil.
- 150 mulheres na Comunidade Women in ABM.
- +50 palestras em 15 cidades.
- 9 workshops ministrados.
- 6 materiais educativos.
- Média NPS 70.

LinkedIn:
https://www.linkedin.com/in/fspina/

Instagram:
https://www.instagram.com/fspina/

AGRADECIMENTOS

Primeiramente, dedico este livro aos meus pais, Fernando e Rosana. Esse ano está sendo bem difícil, perdi meu pai, essa dor está aumentando e estou sentindo muita saudade. Ele esteve presente nos últimos livros que lancei. Fernando, meu pai, tenho certeza de que, onde você estiver, deve estar cuidando de mim. Inúmeras noites pensando em você e usando a minha energia para criar este novo livro. Este agradecimento é pra você, por tudo que fez por mim e pela minha mãe.

Quem me conhece sabe o quanto a nossa relação de pai e filho era presente e carinhosa.

Pai, esta mensagem foi escrita pra você:

> *"Eu conseguia sentir no seu olhar, no jeito de expressar, na maneira de falar e no tom de voz, o quanto você tinha de amor aí dentro por mim.*
>
> *Você que me acompanhou em algumas entrevistas de emprego, me apoiou, esperou na recepção e perguntou depois: 'E aí, como foi?'. Muito obrigado por acreditar em mim, mesmo quando eu tive dúvidas. Inclusive, estava comigo no meu primeiro emprego, na agência F.Biz em 2003. Este ano, completo 20 anos de carreira.*
>
> *Pai, vou sentir falta do seu bom-dia, das ligações que fazia na parte da tarde quando eu estava trabalhando, daquela notificação do celular com seu nome, dos mesmos lugares que, por anos, você frequentava. Vou sentir saudades de quando você ia me buscar na escola e até de ir almoçar pela rua dos Pinheiros, onde adorávamos passear a pé. Vou sentir falta de ter sua companhia para assistir a todos os filmes do 007, e vou continuar assistindo, em sua homenagem.*
>
> *Tenho certeza que você sempre vai estar comigo, aonde eu for. Em todas as conquistas, vou celebrar com você (não importa onde estiver). E na tristeza, também vamos conversar, afinal, você sempre me acolheu e me cuidou.*

Cuidou e construiu a nossa família. Meu pai, SEMPRE presente! Aceito sua decisão. Te perdoo. Te agradeço. Te respeito. Te amo.

Quero que sinta-se feliz por tudo que estou aprendendo, amadurecendo e cuidando do que você deixou.

Nunca esqueça, pai, nem por um segundo, que eu tenho o amor maior do mundo. Como é grande o meu amor por você. Pra sempre, pai."

Agradeço demais à minha família, aos meus amigos e ao time Maestro ABM, nesta jornada não fiz nada sozinho. Eu realmente fico muito feliz, pela participação e cocriação juntos. Obrigado meus cofundadores, André, Bernardo e Nick. Maestrinas e Maestros que me ajudaram a concretizar esse novo projeto: Amandinha, Gabi, Mel, Fabio, Chael, Thiago.

Quero agradecer a você, que está dedicando o seu tempo a esta leitura. Obrigado de coração por se envolver no tema, e quero que tenha a melhor experiência. Vamos "orquestrar" o futuro do ABM?

Uma orquestra de uma pessoa só não faz concerto.

Construindo uma história com pessoas e formando times.
Foco na missão.

PREFÁCIO

Marketing e vendas PRECISAM andar juntos nas organizações para que os resultados aconteçam. Acreditem, isto ainda é algo raro de se encontrar nas empresas e pode ser fatal em um ambiente tão competitivo, no qual qualquer detalhe pode determinar seu sucesso ou seu fracasso.

Trabalhar verdadeiramente de forma centrada no cliente, com o cuidado de não se tornar apenas um discurso, deve ser mais que uma necessidade ou obrigação, uma obsessão.

O Account-Based Marketing (ABM) surgiu como uma estratégia para envolver o melhor destes dois mundos, pois determina um objetivo claro em atender clientes certos, de forma personalíssima. É necessário conhecer para educar e ajudar os clientes a adquirirem seu produto ou serviço. Esta estratégia já é utilizada há bastante tempo nos Estados Unidos... no Brasil, vem ganhando espaço no ambiente B2B ao demonstrar sua alta eficácia.

À medida que você avançar na leitura de "Orquestração", vai perceber que ABM é mais que uma estratégia, é um modelo mental que transforma a maneira como nos aproximamos e nos relacionamos com nossos clientes.

Neste livro, Spina traz um ótimo conteúdo que visa elucidar importantes conceitos e trazer insights para que o ecossistema brasileiro possa aplicar no dia a dia da operação. Adorei quando ele usa a frase "A melhor maneira de fazer marketing e vendas é usar a verdade." A credibilidade é o que mantém viva uma relação muitas vezes iniciada pelo time de marketing e concretizada pelo time de vendas.

Lembre-se de organizar os resultados para aprender a cada vez que colocar em prática os conceitos e não se esqueça de refinar sempre... mãos à obra!

Renata Centurión
Sócia e Diretora para América Latina da Winning By Design, empresa do Vale do Silício que ajuda empresas ao redor do mundo a desenhar, construir e escalar a Jornada do Cliente, englobando as áreas de vendas, marketing e customer success.

INTRODUÇÃO

No meu terceiro livro, intitulado *Personalização, quem fala com todos não fala com ninguém: Personalize seu marketing digital*, dediquei um capítulo inteiro ao Account-Based Marketing (ABM), que destaca a importância da personalização em vendas complexas que exigem relacionamentos longos e próximos. Um dos feedbacks que mais recebi foi para escrever um livro completo sobre ABM, e agora, quase quatro anos depois, com mais de 50 empresas implementando ABM e diversos casos de uso, chegou a hora de publicar um guia passo a passo para implementar essa metodologia. Aqueles que fizeram o pedido agora terão a oportunidade de ter um livro completo sobre o tema.

A ideia de me aventurar no ABM surgiu em 2017, quando trabalhava como responsável pelo crescimento na RD Station, em pleno auge do inbound marketing no Brasil. Meu desafio era gerar demanda e testar mecanismos para o crescimento da área de marketing. Na época, eu cuidava dos anúncios e mídia paga, e buscava otimizar e aprimorar essas estratégias. Durante minhas pesquisas, encontrei publicações sobre ABM e algumas ferramentas relacionadas. Decidi testar anúncios e landing pages personalizadas para contas-alvo, visando abordagens mais personalizadas e eficientes. No entanto, percebi que o ABM envolvia um alinhamento maior para ter sucesso.

Cometi o erro de tentar delegar o que eu mesmo deveria fazer.

@fspina

Quando encontrava artigos, e-books e outros materiais sobre ABM, eu repassava para outras pessoas da equipe, mas meses depois percebi que eu mesmo deveria colocar essas estratégias em prática. Em vez de dizer aos outros para estudarem ABM, decidi me aprofundar e obter mais conhecimento. Em 2018, fiz uma certificação na Califórnia e, ao retornar, comecei a realizar testes. Em 2020, comecei a oferecer consultoria. Em determinado momento, tive a ideia de trazer uma ferramenta de fora e me tornar o representante nacional dela no Brasil. No entanto, a tentativa não deu certo. Era difícil apostar em uma ferramenta com um preço alto, que apenas poucas empresas poderiam pagar e sem suporte local em português.

Após não conseguir encontrar investimento para uma ferramenta de ABM, contatei alguns amigos que desenvolviam aplicativos e, consequentemente, meus atuais cofundadores, Nicholas e Bernardo, em 2020. Passamos por várias reuniões para discutir ideias para um MVP dessa ferramenta. No final de 2021, decidi buscar investimento para acelerar seu desenvolvimento.

No entanto, não consegui obter investimento naquela época, pois ninguém estava dedicado em tempo integral ao projeto. Foi uma lição aprendida, pois percebi a importância de ter foco. Eu mesmo estava ocupado com outra posição e não poderia dedicar mais energia a esse negócio, uma vez que não era minha prioridade principal.

O QUE VOCÊ PRECISA: INFELIZMENTE NÃO ENCONTRA NO GOOGLE

(muito menos por inteligência artificial)

A resposta está na PRÁTICA.

Fazendo, aprendendo, conhecendo o seu cliente. Será você que deverá montar e se adaptar a isso.

Então, tive outra ideia que parecia boa na época, mas acabou não sendo. Cheguei a entrevistar algumas pessoas para a posição de CEO da ferramenta de ABM (que ainda não tinha o nome Maestro ABM), pois achava que precisava de alguém dedicado em tempo integral. Eu não imaginava deixar o Distrito e pensei em contratar um CEO, enquanto eu atuaria como investidor, conselheiro ou algo do tipo.

Vi o
IMPOSSÍVEL
se tornar
INEVITÁVEL.

Durante a minha primeira entrevista com o candidato a CEO, ele me fez uma pergunta que me pegou de surpresa: "Por que você quer contratar um CEO? Quem deveria liderar esse negócio é você! Você é o rosto do ABM. Você entende, explica, educa e coloca em prática". Fiquei realmente sem resposta naquele momento. Levei algum tempo para absorver essa perspectiva. O título de Chief Executive Officer não estava nos meus planos, nem nos meus melhores sonhos.

Escrevi uma carta aberta sobre isso, expressando meus sentimentos e reflexões.

Para ler, basta apontar a câmera do seu celular para o QR Code ao lado.

Decidi que eu mesmo deveria assumir o papel de CEO. A partir de janeiro de 2022, dediquei-me integralmente à empresa, com um início "bootstrap" utilizando capital próprio. Logo depois, conseguimos levantar um pre-seed com a SaaSholic, o que nos ajudou a lançar o produto e fomos acelerados pela WOW, que nos auxiliou na estruturação do nosso PMF (Product Market Fit).

O grande desafio é educar as pessoas e gerar adoção do programa de ABM, pois tudo que é novo costuma receber uma primeira resposta negativa.

Artigo: Tudo que é novo, a primeira resposta é não.

Eu me baseio na união entre minha mãe, que é psicóloga, e meu pai, que era vendedor de porta em porta. Essa combinação familiar me proporcionou aprendizados valiosos desde o início da minha vida: ser mais humano em relação às pessoas, assim como minha mãe, e seguir um processo comercial, assim como meu pai. Sou imensamente grato pelo carinho e apoio deles, que fizeram o possível para ter coragem e apoiar meus sonhos e desafios.

O ABM se encaixou perfeitamente nessa abordagem, pois me apaixonei pelo problema que encontrei nas vendas complexas. Não se trata apenas de enviar mais e-mails ou automatizar mensagens no LinkedIn para obter sucesso. É necessário conhecer as contas, as pessoas envolvidas e estruturar uma orquestração de pontos de contato para estabelecer relacionamentos sólidos com elas.

A melhor maneira de fazer marketing e vendas é a verdade!

Podemos aprender com outras pessoas praticando.

De fato, o ABM exige ter um processo bem definido e orquestrar tudo isso com maestria. A jornada consiste em entender o que pode ser aprimorado, otimizado e ter maior previsibilidade com base nos indicadores disponíveis. Lembro-me bem de um artigo que li sobre o tema, em agosto de 2017 (entreguei a idade, né?): "Account-Based Marketing: Como pode ajudar a sua empresa a melhorar a demanda, a conscientização e a lucratividade", em tradução livre.

Voltando um pouco à época, ele dizia:

> "É amplamente reconhecido que a fidelidade do cliente é fundamental para o sucesso dos profissionais de marketing B2B, especialmente aqueles envolvidos em vendas complexas. O processo de venda nesse cenário pode ser longo e complicado, mas os profissionais de marketing podem obter um retorno significativo sobre o investimento ao implementarem estratégias eficazes de marketing baseado em contas (ABM) após a conclusão da venda.
>
> A internet oferece oportunidades para o marketing de relacionamento em tempo real, permitindo interações mais significativas com os clientes por meio de uma ampla variedade de conteúdos. No entanto, para obter sucesso nessa abordagem, é crucial que as informações transmitidas ao público estejam bem organizadas, sejam relevantes e tenham foco. Infelizmente, muitos sites corporativos e extranets não atendem a esses critérios.
>
> A solução ideal para esses desafios é criar uma presença online personalizada para cada conta-alvo, fornecendo as informações corretas no momento certo. Para ajudar os profissionais de marketing corporativo a desenvolver programas eficazes de marketing baseado em contas para seus clientes, aqui estão cinco melhores práticas a serem consideradas:
>
> → **Design do Programa:** Os programas devem ser adaptados para fornecer valor em situações comerciais específicas, mesmo que isso signifique criar conteúdo exclusivo. Os materiais devem estar disponíveis em vários locais, online e offline, e devem ser consistentes e alinhados com a marca.
>
> → **Geração de Tráfego:** Construir um site não é suficiente para atrair visitantes. É necessário implementar uma estratégia de comunicação

persistente que direcione o tráfego para o site. Isso pode ser feito por meio de comunicações de saída que oferecem motivos novos e diferentes para os clientes retornarem, atraindo visitantes qualificados de forma consistente.

→ **Conversão**: A conversão é um processo contínuo que requer otimização constante dos programas. É importante que os clientes interajam com os materiais e tomem ações, assim como fariam com um vendedor. Isso pode ser alcançado por meio de diferentes ofertas e conteúdos variados, sempre dando antes de esperar receber.

→ **Chamadas para Ação (CTA):** É fundamental pedir aos clientes que tomem uma ação específica, seja baixar um PDF ou solicitar uma reunião de vendas. Oferecer opções para diferentes ações envolve mais visitantes qualificados.

→ **Processo de Gerenciamento:** Assim como se faz com a equipe de vendas, é essencial responsabilizar um programa de marketing baseado em contas. Estabelecer métricas e monitorá-las é fundamental, incluindo métricas financeiras, de conscientização e de marketing direto".

O artigo destaca a evolução e a maturidade da estratégia de ABM, além da importância de construir uma cultura empresarial sólida.

> No momento, para a Maestro, o mais importante está sendo a construção da cultura da empresa, valores ligados aos nossos objetivos.
>
> Para ler, basta apontar a câmera do seu celular para o QR Code ao lado.

Além disso, os valores fundamentais devem ser refletidos em todos os aspectos do negócio. É essencial ter coragem de liderar a empresa e buscar essa coragem também em outros líderes.

> "Carregar piano pesado nas costas todo dia não é fácil, mas lembrar que o piano está sendo levado para um lindo concerto muda tudo"
>
> — João Branco

Nos últimos anos, me dediquei intensamente à produção de diversos materiais sobre Account-Based Marketing. Com o objetivo de compartilhar meu conhecimento de forma abrangente e prática, decidi utilizar alguns desses materiais ao longo deste livro, tornando-os um conteúdo complementar. Ao longo do processo de criação, percebi que todo o conhecimento e informações sobre ABM são como um grande quebra-cabeças. Cada peça desse quebra-cabeças representa um conceito, estratégia ou técnica que compõe a abordagem do ABM. Neste livro você encontrará todas as peças necessárias para montar o quebra-cabeças completo, adaptando-as de acordo com o seu próprio negócio.

A proposta do livro é oferecer uma experiência interativa e enriquecedora. À medida que você percorrer os capítulos, encontrará diversas linkagens externas que o levarão a recursos adicionais, como artigos, estudos de caso, vídeos e ferramentas práticas. Essas linkagens têm o intuito de enriquecer sua compreensão e fornecer exemplos concretos para ilustrar os conceitos discutidos.

A ideia central é que o livro seja um guia abrangente para a aplicação efetiva do ABM em qualquer contexto. Portanto, convido você a embarcar nesta jornada interativa, juntando as peças do quebra-cabeças do ABM e adaptando-as conforme necessário para impulsionar o sucesso do seu negócio.

Estou muito feliz em compartilhar meus aprendizados sobre a metodologia com você. Ao longo do caminho, enfrentei vários desafios para chegar aonde estou agora e saber o que sei hoje. Espero sinceramente que cada palavra deste livro faça valer a pena e, acima de tudo, que você consiga aplicá-las em seu dia a dia ou em algum projeto, e que isso possa te ajudar de alguma forma. Vamos construir juntos o futuro do ABM.

1. O QUE É ABM?

Account-Based Marketing (ABM) é uma estratégia desenvolvida em colaboração entre as equipes de marketing, vendas e customer success visando atrair, converter e manter clientes. Devido ao alto grau de personalização envolvido, a abordagem é centrada na qualidade, em vez de quantidade. Por essa razão, o ABM tende a ser aplicado em empresas com vendas complexas e de alto valor, onde há diversos tomadores de decisão. Dessa forma, os custos envolvidos no desenvolvimento de tais campanhas podem ser compensados.

ABM é a PERSONALIZAÇÃO de maneira ORQUESTRADA

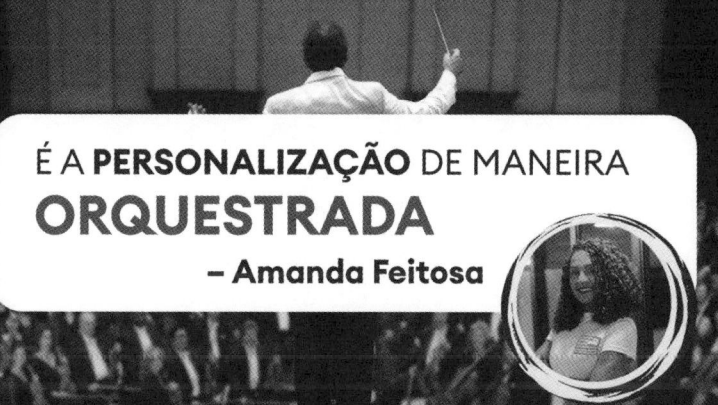

É A **PERSONALIZAÇÃO** DE MANEIRA **ORQUESTRADA**
– Amanda Feitosa

Uma analogia para entender o Account-Based Marketing é a da orquestra. Podemos comparar estratégias mais conhecidas, como o inbound marketing, a uma música que toca para uma audiência ampla e diversificada. Enquanto a música pode agradar a muitos ouvintes, nem todos estarão interessados nos instrumentos ou na melodia que você está tocando.

O Account-Based Marketing pode ser comparado a uma orquestra. Cada instrumento da orquestra desempenha um papel crucial, criando uma harmonia personalizada e única para atingir as pessoas certas. A sinergia entre os músicos e a precisão da execução garantem que a mensagem seja transmitida de forma mais impactante e direcionada.

Da mesma forma, no ABM, todas as peças da estratégia são orquestradas para alcançar uma conta específica. Cada ação de marketing é cuidadosamente planejada e personalizada, visando as necessidades e desafios específicos de cada conta.

SEM ABM 😔

As pessoas tocam músicas separadas, fora do ritmo e até mesmo, desalinhadas com a estratégia. Sem participação de mais músicos e pontos de contato.

COM ABM

O maestro responsável pelo concerto, analisa os músicos inscritos, faz a separação por instrumentos e prioriza apenas aqueles que acredita ter potencial para a orquestra.

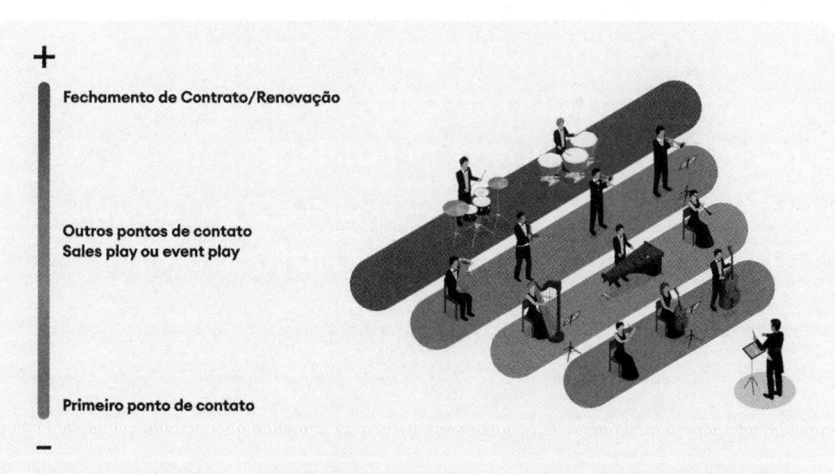

No inbound marketing, seria como se todos os músicos começassem a tocar seus instrumentos simultaneamente, sem um ritmo específico. Certamente não seria agradável ouvir isso, não é mesmo? No entanto, no ABM, o maestro analisa e coordena os músicos, separando os instrumentos e priorizando aqueles com maior potencial para a orquestra.

O ABM inverte o funil tradicional de marketing.

Ele unifica marketing e vendas em uma mesma estratégia, com profissionais trabalhando juntos na criação de campanhas altamente personalizadas e customizadas para as empresas-alvo.

Funil 1

- **ATRAIR** — para converter visitantes em leads
- **NUTRIR** — com conteúdo, email marketing e materiais ricos
- **QUALIFICAR** — as empresas com o perfil ideal para enviar para vendas

Funil 2

- **IDENTIFICAR** — empresas que estão dentro do perfil ideal
- **ENGAJAR** — com campanhas e conteúdos personalizados
- **ENCANTAR** — para fortalecer o relacionamento

1.1 A origem do ABM

A metodologia começou a ganhar forma nos anos 2000 nos Estados Unidos, quando empresas B2B perceberam que, no seu segmento, não seria possível adotar campanhas massivas, como ocorre com o mercado B2C, para atrair os clientes desejados.

Em 1993, Don Peppers e Martha Rogers publicaram *The One to One Future*, antecipando a transição do marketing de massa para um marketing personalizado e individualizado. Com a crescente demanda dos consumidores por experiências de compra cada vez mais personalizadas, muitos profissionais de marketing adotaram as melhores práticas do ABM para satisfazer essas expectativas.

A expressão "Account-Based Marketing" foi cunhada somente em 2004 pela ITSMA (Information Technology Services Marketing Association), embora muitas empresas já praticassem estratégias semelhantes anteriormente. No entanto, apenas recentemente o ABM se popularizou devido ao foco da indústria de marketing B2B na geração de demanda e ROI, bem como ao surgimento de fornecedores de soluções ABM mais aprimoradas.

Nate Skinner colocou em prática sua primeira campanha de ABM em 2003, antes mesmo de ser empregado da Salesforce. Na época, seu cliente era uma empresa de software que mencionou "contas diamante". Skinner recorda-se da época, em que a personalização automatizada se limitava ao envio de malas diretas (*direct mails*), e ele mesmo redigia os e-mails manualmente aos stakeholders de cada conta.

Em 2003, Bev Burgess, uma profissional experiente no mercado B2B, apresentou o termo "Account-Based Marketing" em um artigo para a ITSMA. Burgess propôs que o ABM deveria tratar cada conta individual como um mercado distinto, integrando vendas e estratégias de marketing para conquistar maior participação nos lucros e maior relevância nas contas mais importantes.

Jon Miller, ex-CEO da Engagio e atual CMO da DemandBase, inicialmente considerava o ABM restrito a grandes corporações atendendo outras corporações de grande porte, já que as primeiras tentativas de personalização eram custosas para transações menores. Porém a tecnologia começou a tornar o ABM mais acessível. Skinner descreve 2007 como um "boom tecnológico" no marketing, marcado pela fundação da Demandbase e da

Pardot (plataforma de automação de marketing B2B), posteriormente adquirida pela Salesforce. Apesar de as novas tecnologias serem capazes de rastrear e gerenciar dados dos clientes de forma autônoma, a implementação em larga escala do ABM só se tornou viável nos últimos anos.

Miller identificou um segundo "boom" no ABM em 2015, quando notou a necessidade de um conjunto específico de ferramentas para a estratégia. Nesse período, ele deixou a Marketo, e várias outras empresas especializadas em ABM, como a Terminus, começaram a surgir. Desde então, as buscas por "Account-Based Marketing" e "ABM" no Google cresceram consideravelmente. Atualmente, a indústria ABM é avaliada em US$ 1,19 bilhão e proporciona um nível de personalização muito mais sofisticado do que apenas adicionar o nome do destinatário no início de um e-mail. Para os decisores de grandes contas, a experiência de marketing tornou-se uma espécie de narrativa automatizada e elaborada, permitindo que criem sua própria trajetória.

1.2 Vantagens do ABM

O Account-Based Marketing tem se mostrado uma opção interessante para as empresas devido a diversos fatores, que falaremos ao longo do livro. Alguns dos principais são:

→ **Personalização:** o ABM possibilita às empresas desenvolverem campanhas customizadas e de alta relevância para cada cliente-alvo. Isso tende a aumentar o engajamento e fidelidade dos clientes.

→ **Eficiência:** ao focar em um número reduzido de clientes-alvo, o ABM permite que as empresas concentrem seus esforços de forma mais eficiente do que ao tentar alcançar um público mais amplo.

→ **Receita:** o ABM contribui para o aumento da receita ao gerar oportunidades qualificadas e fomentar a fidelização de clientes.

→ **Foco:** a estratégia de ABM permite concentrar os esforços em clientes-alvo específicos, que estejam alinhados aos objetivos do negócio, proporcionando maior clareza e foco nas campanhas.

→ **Colaboração:** o ABM estimula a cooperação entre diferentes departamentos de uma empresa, como marketing, vendas e atendimento ao cliente. Essa colaboração pode ajudar a construir uma experiência mais integrada e direcionada aos clientes.

→ **Entregabilidade**: mais pontos de contatos de canais (por exemplo: LinkedIn, Email, WhatsApp, Evento, Gift Cards etc.) e também mais pessoas da empresa envolvidas (cargos, áreas e funções diferentes).

Imagine um tomador de decisão em uma empresa que, diariamente, lida com inúmeros pedidos de conexão e mensagens patrocinadas no LinkedIn, abordagens indesejadas de empresas desconhecidas, e-mails com personalizações superficiais como "Olá, Fulano". E, pior ainda, muitas dessas comunicações oferecem produtos ou serviços que não estão relacionados às necessidades e aos desafios atuais desse profissional. Some isso à agenda já atarefada dessas pessoas e temos um cenário pouco propício para negócios bem-sucedidos.

É nesse contexto que o ABM se destaca como uma estratégia valiosa, diferenciando-se em meio a um oceano de conteúdos genéricos e pouco relevantes. O ABM prevê interações personalizadas para cada possível cliente, considerando suas particularidades e demandas específicas. Se executada corretamente, a estratégia de ABM pode trazer diversas vantagens para os negócios.

Aumento do retorno sobre investimento (ROI)

O Account-Based Marketing (ABM) foca a abordagem personalizada para clientes-alvo de maior valor, o que leva a um aumento na eficácia das ações de marketing e vendas. Ao direcionar esforços e recursos a potenciais clientes de maior relevância e com maior probabilidade de conversão, o ROI das campanhas tende a aumentar significativamente, maximizando os resultados.

Utilização mais eficiente dos recursos

A estratégia de ABM concentra-se na seleção de empresas-alvo e na criação de campanhas personalizadas específicas para cada uma delas. Isso permite aos profissionais de marketing e vendas utilizarem seus recursos com mais inteligência e precisão, evitando desperdícios e garantindo melhor aproveitamento das oportunidades.

Aumento do ticket médio

Ao customizar a abordagem para cada cliente-alvo e entender as suas necessidades particulares, é mais provável que se apresentem soluções coerentes e adequadas a essas demandas. Isso tende a resultar em vendas maiores, aumentando o ticket médio e ampliando os lucros.

Maior envolvimento com tomadores de decisão

Foca o engajamento direto com os tomadores de decisão das empresas-alvo. As ações personalizadas e a compreensão das suas necessidades específicas aumentam as chances de chamar a atenção desses profissionais e de criar diálogos significativos, fortalecendo o relacionamento entre as partes e facilitando o processo de negociação.

Alinhamento entre as equipes de marketing e vendas

Envolve o trabalho conjunto das equipes de marketing e vendas, unindo esforços para identificar, atrair e converter clientes-alvo. Esse alinhamento colaborativo ajuda a otimizar as tarefas e a implementação das campanhas, proporcionando melhor desempenho e resultados para a empresa.

Atração de contas mais qualificadas

Permite identificar, atrair e estabelecer relacionamentos com leads altamente qualificados, cujas necessidades se alinham com o que a empresa tem a oferecer. Isso se traduz em uma maior proporção de leads que realmente têm potencial de se tornarem clientes, aumentando a eficácia das ações de marketing e vendas.

Melhora nos índices de retenção de clientes

Ajuda a estabelecer vínculos mais sólidos e duradouros com os clientes, proporcionando-lhes experiências personalizadas e relevantes. Isso conduz a maior satisfação e lealdade, consequentemente melhorando os índices de retenção de clientes, o que é essencial para o sucesso e crescimento de longo prazo do negócio.

Personalização em todas as etapas do processo

Assegura personalização em todas as etapas, desde a identificação das contas-alvo até a nutrição e conversão dos leads. Isso proporciona aos clientes uma experiência verdadeiramente personalizada e adaptada às suas necessidades exclusivas, o que resulta em engajamento mais profundo e melhores resultados em termos de vendas e satisfação do cliente.

Entretanto, antes de seguir, é fundamental salientar que o ABM pode não ser adequado para todo tipo de empresa. Logo, é necessário avaliar cuidadosamente a viabilidade de incluir essa estratégia nas suas práticas de marketing antes de adotá-la.

1.3 Para quem é o ABM

A metodologia de ABM tem como principal objetivo encurtar o ciclo de vendas e ajudar no processo comercial dos pontos de contato. Além disso, traz uma visão clara de como melhorar o processo de vendas, o que proporciona segurança ao cliente, tornando-o mais confortável para validar a solução proposta. Em alguns casos, realizamos testes e PoCs, fornecendo orientações adicionais. Na Maestro ABM, diferenciamo-nos por oferecer educação e desenvolvimento de pessoal para operacionalizar os pontos de contato e evoluir no processo de vendas.

A principal vantagem do ABM é a capacidade de orquestrar um processo de vendas que envolve várias reuniões, produtos ou serviços complexos que exigem a aprovação de múltiplas partes interessadas e têm um ciclo de vendas longo. Esses produtos ou serviços geralmente são softwares ou soluções que exigem investimentos significativos e, portanto, têm um ticket alto.

Com a abordagem ABM, podemos orquestrar esse processo de maneira mensurável e previsível, permitindo a replicação bem-sucedida em escala. Acreditamos que essa abordagem é particularmente relevante para empresas que buscam a qualidade em seus negócios, em vez de realizar muitas ações sem saber o que deu certo.

1.4 Tipos de ABM

Quando o ABM é feito da maneira certa, você obtém um melhor retorno sobre o investimento e alinha as equipes de vendas, marketing e contas importantes. Existem três tipos principais de ABM que uma equipe pode usar.

O primeiro é o ABM estratégico, também conhecido como 1:1. Depois, temos o ABM 1:few, e por fim, o ABM 1:many.

Imagine essas três estratégias como uma pirâmide, com o ABM estratégico no topo. Quanto mais você sobe na pirâmide, maior é o investimento e o retorno obtido. É possível também combinar essas estratégias, dependendo dos seus objetivos. Vamos explorar cada abordagem e como uma equipe pode utilizá-las no marketing B2B.

1.4.1 ABM one to one / 1:1

É a forma mais personalizada e intensiva de ABM, na qual você se concentra em uma conta específica de alto valor. Nesta abordagem, a conta é tratada como uma oportunidade única, e todos os esforços de marketing e vendas são direcionados exclusivamente para essa conta.

Com o ABM 1:1, você desenvolve um relacionamento próximo com a conta-alvo, construindo conexões e entendendo profundamente suas necessidades e objetivos. A comunicação e as interações são altamente personalizadas, adaptadas às preferências e características exclusivas da conta. Isso pode incluir reuniões face a face, eventos personalizados, conteúdo altamente relevante e um nível de suporte individualizado. O ABM 1:1 requer um investimento significativo de recursos, mas também oferece a oportunidade de conquistar grandes contas e gerar resultados de alto impacto.

1.4.2 ABM one to few / 1:few

Você concentra seus esforços em um grupo de contas-alvo que têm alto potencial. Nesta abordagem, cada conta é tratada como um mercado único, e as ações de marketing são altamente personalizadas para atender às necessidades específicas de cada mercado ou segmento. Você realiza uma pesquisa aprofundada sobre cada conta-alvo, compreendendo seus desafios, metas e pontos de dor. Com base nessas informações, desenvolve mensagens altamente personalizadas e campanhas direcionadas que ressoam com as necessidades exclusivas das contas. Esse tipo de ABM normalmente envolve uma combinação de marketing digital, marketing de conteúdo, eventos direcionados e interações personalizadas com as contas-alvo.

1.4.3 ABM one to many /1:many

Concentra-se em alcançar um grande número de contas-alvo com uma abordagem personalizada. Nesta estratégia, as contas são agrupadas com base em características semelhantes, como setor, tamanho ou necessidades específicas. Em seguida, são desenvolvidas mensagens e campanhas de marketing que abordam as necessidades e desafios comuns desses grupos de contas.

A estratégia permite que você maximize seu alcance, engajando várias contas-alvo simultaneamente. Você pode usar canais de marketing digital, como e-mail marketing, publicidade online e mídias sociais, para atingir essas contas de forma escalável. Embora a personalização seja menos profunda do que em outras estratégias de ABM, ainda é possível adaptar as mensagens e os conteúdos para cada grupo de contas.

1.4.4 O melhor tipo para a sua empresa

A escolha do tipo de ABM a ser aplicado depende das particularidades de sua empresa, incluindo a estrutura de time, os recursos disponíveis e as metas de negócio.

Ao adaptar o ABM à sua realidade, você estará construindo uma estratégia de marketing altamente eficaz e direcionada, capaz de impulsionar o sucesso e o crescimento de sua empresa. É importante ressaltar que esses tipos de ABM não são exclusivos. Você pode adotar uma abordagem híbrida, combinando elementos das diferentes estratégias, de acordo com as características de cada conta e os recursos disponíveis em sua empresa.

Minha recomendação pessoal é começar com a estratégia one to one para obter mais controle e segurança.

O que isso significa? Ao trabalhar de forma individualizada com as contas, você pode entender o processo e torná-lo replicável. Agora você pode estar se perguntando: "Como posso replicar um processo individualizado? Como posso escalar isso?" Vou compartilhar algumas interpretações e estratégias do playbook de ABM.

Ao lidar com contas individuais ou em pequeno número, você pode aplicar a estratégia *one to few* e trabalhar com um rollout de 10 contas a cada semana. Algumas empresas já utilizam essa abordagem e conseguem gerenciar até 200 contas por trimestre. Por exemplo, se você tiver 10 vendedores, cada um pode cuidar de 20 contas, proporcionando um volume escalável. É claro que a agilidade é importante para manter a qualidade. No entanto, antes de chegar a 20 contas por vendedor, ou 200 contas, é necessário começar com a estratégia one to one.

A chave aqui é entender o que funcionou bem com outras contas e tornar isso replicável. Você pode abrir o playbook e replicar as ações dentro de uma conta-alvo. É importante personalizar o conteúdo e as ações estratégicas para cada conta, considerando a governança e as preferências de cada empresa. A Maestro ABM oferece um assistente de inteligência artificial que ajuda na criação de mensagens personalizadas. Por exemplo, se você deseja vender soluções de ESG para a Ambev, pode utilizar as melhores estratégias e touchpoints específicos para esse setor.

Dentro da plataforma da Maestro, você pode replicar essas ações dentro das contas que mapeou. É possível criar listas de contatos por categoria de empresa, como empresas de ESG, e montar os touchpoints personalizados. Também pode utilizar templates e recursos fornecidos pela Maestro para facilitar a replicação das ações e criar playbooks. Isso tornará a gestão das contas mais fácil e permitirá a replicação de processos bem-sucedidos.

Para saber mais sobre os estágios do ABM e entender qual deles se alinha melhor com a sua realidade, basta apontar a câmera do seu celular para o QR Code ao lado.

1.5 Objetivos de ABM

Por definição, o Account-Based Marketing é uma metodologia altamente personalizável para a geração de demanda qualificada e receita. A ideia é que a abordagem seja semelhante a uma conversa individual, falando diretamente com os tomadores de decisão e entendendo suas necessidades. Agora, muitas pessoas acham que ABM serve somente para a aquisição de novos clientes. Mas, se parar para pensar, é possível usar a mesma metodologia e processos para os seus clientes atuais e, assim, expandir essa carteira.

Quando você pensa em **"ABM para expansão"** com seus clientes, você aproveita oportunidades e desenvolve novas estratégias dentro da metodologia.

O resultado é muito positivo. Você consegue:

→ aumentar o ticket médio;

→ aumentar o MRR (receita recorrente mensal);

→ renovar contratos;

→ prevenir churn;

→ e ainda por cima, encantar o cliente.

Por exemplo, na Maestro, temos clientes que aproveitam os benefícios do ABM apenas para a expansão de carteira, e fazem isso de maneira eficiente.

Segundo um relatório da *Harvard Business Review*, conquistar um novo cliente pode ser de 5 a 25x mais caro do que reter um cliente que você já tem, dependendo da sua área de atuação. E não é muito difícil de imaginar a razão disso: para a empresa, é mais fácil manter satisfeitos os clientes que já tem do que investir em muitos outros recursos para alcançar novos.

A conclusão é sempre a mesma: o cliente importa. Muito.

Um dos principais benefícios do uso de ABM para retenção, é a capacidade de identificar e buscar oportunidades de upsell e cross sell com os clientes atuais.

O sucesso dos nossos clientes é o nosso sucesso!

Ao focar contas específicas e obter uma compreensão mais profunda de suas necessidades e preferências, as empresas podem identificar oportunidades para vender produtos ou serviços adicionais a esses clientes. Como resultado, usar o ABM para retenção e renovação de clientes pode ajudar as empresas a aumentar sua receita e obter um maior retorno sobre o investimento.

1.5.1 Como usar o ABM para retenção e expansão

Você já sabe que adquirir um novo cliente é mais difícil e custoso do que manter um cliente existente. O processo de aquisição é mais longo e complexo. Trabalhar com clientes que já estão na sua base, engajados e com os quais você já tem conexão, é uma oportunidade para oferecer mais valor e aprimorar seus resultados. No entanto, criar um processo eficiente para isso não é fácil, mas é crucial para obter sucesso nesse aspecto.

Gosto de trazer a visão de trabalhar contas também com foco na expansão, ou seja, aumentar a receita recorrente oferecendo novas funcionalidades. Comece com os clientes que são influenciadores, os que têm alta pontuação no Net Promoter Score (NPS) e com quem você já tem uma conexão. Em seguida, expanda para o mercado do cliente, envolvendo equipes de atendimento ao cliente (CS), pós-venda e até mesmo financeiro. Ao enviar uma fatura para o cliente, por exemplo, você pode incluir um link que o leve a conhecer uma nova funcionalidade.

Trabalhe com as pessoas dentro da organização do cliente, concentrando-se em ações de passagem do bastão. Isso pode envolver a participação do CEO da empresa ou outros membros da equipe de liderança, juntamente com o engajamento das equipes de CS e foco em ações de marketing e vendas que impactam positivamente os resultados comerciais. Talvez seja necessário envolver outras áreas que ainda não são clientes, fazendo com que você mesmo encante essas áreas com exemplos bem-sucedidos que demonstrem como sua solução é relevante para elas.

Outros aspectos da expansão incluem a retenção de clientes com baixas pontuações no NPS, prevenindo cancelamentos, e a renovação de contratos, evitando que o cliente busque um concorrente. Traga mais experiência e ações que ajudem no processo de expansão do seu negócio. **Tanto a aquisição quanto a expansão são essenciais, e não se deve usar**

O ABM apenas para aquisição. Embora as vendas possam ser complexas e demoradas, a estratégia de ABM ajuda muito na expansão do negócio. Com o tempo, você pode evoluir e implementar mais ações para apoiar todo o processo de construção e crescimento.

Algumas práticas recomendadas a serem consideradas na hora de implementar uma estratégia de ABM com foco em retenção de clientes:

- → **Defina claramente seus objetivos:** antes de começar, é importante definir o que você espera alcançar com seus esforços de ABM. É apenas reter os clientes? Aumentar o reconhecimento de marca? Aumentar o ROI? Defina.

- → **Identifique suas principais contas:** selecione cuidadosamente as contas nas quais você concentrará seus esforços de ABM. Estas devem ser contas com o maior valor potencial para o seu negócio.

- → **Promova relacionamentos significativos:** procure maneiras de criar conexões mais profundas e pessoais com suas principais contas. Isso pode incluir comunicação regular, agregar valor além do seu produto ou serviço e criar confiança.

- → **Avalie e otimize:** rastreie regularmente as principais métricas para entender a eficácia de seus esforços de ABM e tome decisões baseadas em dados para otimizar sua estratégia.

1.6 Fundamentos do ABM: elementos que compõem uma estratégia de ABM

5 passos do ABM na prática

1. Identificar contas — EMPRESAS
2. Criar listas — CONTATOS • DOSSIÊ
3. Criar Conteúdo — APRESENTAÇÃO • EMAIL PUBLICAÇÃO • VÍDEO IMAGENS
4. Lançar Campanhas personalizadas — DISTRIBUIÇÃO
5. Mensurar — RESULTADOS

← ORQUESTRAÇÃO →

maestro
ABM SaaS

1.6.1 Definir a conta-chave

Para quem você quer vender? O primeiro passo para implementar uma estratégia de ABM é identificar as contas-chave ideais para o seu negócio. Você pode começar analisando sua base de clientes atual e identificando os melhores clientes entre eles. Em seguida, é importante buscar no mercado outras empresas que tenham o mesmo perfil.

Uma dica é começar com um nicho específico. Muitas empresas, como a Amazon, adotaram essa abordagem, o que facilita a especialização e permite trazer casos de sucesso específicos para esse segmento. O ABM começa com uma compreensão básica do seu mercado total endereçável (TAM) e do perfil ideal do seu cliente (ICP). Para ter sucesso com o ABM, você precisa priorizar o seu TAM, concentrando seu foco nas empresas que se encaixam no seu ICP. Estas são as contas-alvo: os clientes que se encaixam perfeitamente na solução que você oferece e que provavelmente continuarão comprando de você.

Portanto, a primeira missão é definir quais são essas contas-alvo. Uma maneira de começar é olhando para dentro da sua própria empresa, analisando sua carteira de clientes e identificando os critérios que eles devem atender. Esses critérios podem variar de empresa para empresa, então é importante alinhar marketing e vendas para entender quais critérios são relevantes para ambos.

O objetivo nesta etapa inicial é criar uma lista refinada de empresas-alvo que você poderá usar em suas campanhas de ABM.

1.6.2 Criação da lista de decisores de cada conta: dossiê

Depois de selecionar as empresas, o próximo passo é criar uma lista dos decisores de cada conta. Mesmo que o mercado seja B2B, é importante lembrar que se está construindo negócios com pessoas. Se o objetivo for trabalhar com o setor financeiro, por exemplo, é preciso levantar os nomes dos principais bancos e, em seguida, procurar as pessoas que ocupam cargos como tomadores de decisão ou influenciadores em cada um deles. Para cada um desses contatos, é necessário criar uma mensagem diferente.

1.6.3 Criação de conteúdo personalizado

O terceiro passo é criar conteúdo personalizado para cada empresa e suas respectivas pessoas. É importante desenvolver mensagens que abordam as necessidades específicas de cada profissional. Para alcançar seus objetivos, como geração de leads ou agendamento de reuniões, o conteúdo precisa ser direcionado e personalizado. Por exemplo, uma página de destino pode apresentar o logotipo de um banco específico que você deseja atrair.

Identificar os decisores é uma parte crítica (e demorada) de qualquer campanha de ABM. É fundamental criar mensagens relevantes e atraentes em meio ao ambiente digital barulhento de hoje. No entanto, para criar mensagens que convertam, é preciso primeiro entender o que é importante para as contas-alvo. Realize pesquisas para identificar os principais desafios e prioridades dessas contas. Por exemplo, pesquise os principais desafios enfrentados pelos diretores de marketing que atuam na indústria de fintech. Além disso, identifique quais são os tomadores de decisão que você deseja alcançar, em quais canais eles estão presentes e que tipo de conteúdo consomem. Essas informações serão a base para a criação de campanhas eficazes.

Com as necessidades das contas-alvo em mente, comece a criar segmentos estratégicos de público. Através da segmentação adequada no ABM, os profissionais de marketing podem personalizar o nível de personalização, variar a combinação de canais e fornecer chamadas exclusivas e atraentes para cada público-alvo da conta.

Alguns métodos comuns de segmentação incluem:

→ Segmentação por tamanho da conta.

→ Segmentação por estágio da jornada de compra.

→ Clientes atuais.

Após segmentar suas contas em públicos-alvo, utilize insights baseados em contas para identificar diferentes tópicos de interesse e utilizar mensagens que sejam mais eficazes para cada público. Com essas informações, a equipe de vendas poderá saber exatamente qual mensagem e conteúdo utilizar ao entrar em contato. A partir desse ponto, o marketing pode acionar campanhas em vários canais em tempo real, por meio da orquestração do ABM, garantindo que a mensagem seja consistente e amplificada em todos os canais.

É importante ressaltar que, se você está começando e possui recursos limitados, é recomendado concentrar-se nas pessoas e partes interessadas mais importantes. Conforme você desenvolve sua estratégia de ABM, é possível criar mais ativos para se comunicar com outros tomadores de decisão importantes.

1.6.4 Orquestrar as campanhas personalizadas

O próximo passo é orquestrar as campanhas. Quando se fala em campanha no ABM, estamos falando de uma play. Basicamente, uma play é uma campanha focada em uma empresa. Ela pode ser voltada para awareness, vendas, eventos, prevenção de churn, upsell. Os objetivos são vários. Cada uma pode ser orquestrada de maneira personalizada, um a um.

A condução das campanhas e orquestração das plays no Account-Based Marketing (ABM) são elementos fundamentais para alcançar os objetivos de uma estratégia de ABM direcionada a uma empresa-alvo específica.

Essas atividades envolvem o planejamento estratégico da campanha, a seleção das táticas apropriadas, a coordenação das interações e a personalização das mensagens para a empresa-alvo. É importante definir claramente os objetivos da campanha e os KPIs relevantes para avaliar o sucesso.

Durante a condução das campanhas, é necessário escolher as táticas adequadas que sejam relevantes para a empresa-alvo e alinhadas com suas necessidades. Isso pode incluir e-mails personalizados, anúncios direcionados, eventos específicos, conteúdo personalizado, chamadas telefônicas e interações nas redes sociais.

A orquestração das plays envolve a coordenação e o sequenciamento das diferentes táticas ao longo do tempo. É importante garantir que as mensagens e conteúdos sejam entregues de forma consistente e estratégica, aumentando o impacto das interações.

Saiba mais sobre como é feita a orquestração de uma play.

Basta apontar a câmera do seu celular para o QR Code ao lado.

Durante todo o processo, personalização e relevância são essenciais. Adaptar o conteúdo e as abordagens de acordo com as características e necessidades da empresa-alvo aumenta as chances de engajamento.

Acompanhar de perto os resultados e o desempenho das interações é fundamental. Isso permite avaliar o que está funcionando bem e o que precisa ser ajustado, otimizando a estratégia ao longo do tempo.

Em resumo, a condução das campanhas e a orquestração das plays no ABM visam criar uma experiência personalizada e coerente para a empresa-alvo, impulsionando o engajamento e os resultados positivos. É um processo contínuo que requer planejamento cuidadoso, coordenação eficaz e análise constante.

1.6.5 Monitorar, mensurar e ajustar

Por último, é o momento de fazer análises. Quanto tempo está durando seu ciclo de vendas? Quão eficientes estão sendo os pontos de contato? Qual é o tempo médio até a resposta de um cliente?

Todas essas informações podem ser usadas para melhorar cada vez mais as suas campanhas. A dica é começar com menos contas, fazer testes, validar as estratégias e então aplicá-las para um número maior de potenciais clientes.

Ao contrário das campanhas tradicionais de geração de demanda, as campanhas ABM não podem ser medidas com métricas tradicionais, como novos leads, MQLs e oportunidades. Medir o desempenho do ABM exige que você se aprofunde e entenda o desempenho das táticas por nível da conta.

Seu relatório deve mostrar o número de tomadores de decisão respondendo às táticas de marketing, a qualidade das interações de vendas, a velocidade com que os negócios se movem pelo funil e o envolvimento geral da conta.

A menos que cada equipe esteja trabalhando em sincronia, observando as mesmas métricas dia após dia, o alcance das vendas e as campanhas de marketing se tornarão mais generalizados (ou seja, ignoradas) e menos úteis. Recomendamos realizar reuniões semanais com sua equipe de ABM para revisar as métricas baseadas em contas, como oportunidades criadas e velocidade do pipeline, para criar um ciclo de feedback consistente.

Lembre-se de que uma campanha de ABM deve ser algo *on-going*. Com os dados coletados durante o tempo, você deve ajustar e otimizar cada vez mais suas estratégias.

> **Para saber mais sobre os 5 passos do ABM**, basta apontar a câmera do seu celular para o QR Code ao lado.

1.7 Boas práticas

Inicialmente, é imprescindível direcionar as vendas corretamente. **Um erro comum é tentar vender para todos.** Portanto, definir o Perfil Ideal de Cliente (ICP) torna-se crucial para identificar o público-alvo adequado às vendas, aumentando a eficiência do processo e acelerando os resultados. Futuramente, discutiremos a definição do ICP.

Ter uma lista de contatos de qualidade composta de profissionais das empresas prospectadas é vital para o sucesso da estratégia de ABM. É necessário criar um dossiê para cada contato com o objetivo de se comunicar de maneira mais eficiente. Assim, é importante entender quem são esses indivíduos, suas áreas de atuação, nível de senioridade, entre outros aspectos relevantes.

O processo de descoberta dessas informações pode ser feito através de pesquisas no LinkedIn, outras redes sociais e também no Google. Vale ressaltar que a abordagem aos contatos deve ser personalizada e direcionada conforme as informações obtidas. Embora possam ser utilizadas ferramentas para coletar tais informações, é necessário cautela para não restringir-se apenas à lista de contatos. Com uma busca no Google, é possível adquirir informações precisas sobre indivíduos e contatos. Por exemplo, é possível descobrir que Felipe Spina é um apreciador de café. Contudo, é válido mencionar que a personalização excessiva em uma interação pode assustar pessoas, sendo inadequada em qualquer situação. Portanto, é fundamental compreender a importância de estabelecer relacionamentos genuínos com empresas e indivíduos, os quais requerem tempo e dedicação.

Ajudar a comprar, ao invés de vender.

Uma estratégia bem-sucedida envolve oferecer informações valiosas, workshops e construir uma estratégia coerente com os pontos de contato. É crucial criar uma série de touchpoints com conteúdo de qualidade. É possível trabalhar com várias pessoas em uma mesma conta, compreendendo os desafios, KPIs e OKIs da empresa a fim de garantir interações assertivas e personalizadas. A construção de touchpoints, como um princípio básico de boas práticas, torna-se essencial para desenvolver uma estratégia eficiente.

Na elaboração da estratégia, é preciso organizar uma cadência consistente em vários pontos de contato. No ABM, esse processo é conhecido como orquestração, referindo-se à montagem dos touchpoints. A Play, por outro lado, é uma campanha de ABM direcionada a uma conta específica, ou seja, a interação ocorre com as pessoas desta conta. A partir disso, é necessário criar diversos pontos de contato para avaliar o que funciona, indicando-se pelo menos 22 pontos de contato para marcar a primeira reunião comercial. Ao criar mais de 22 pontos, pode-se otimizar ainda mais o processo de interação. Diferentemente de uma cadência outbound, com uma sequência de quatro e-mails enviados para que os destinatários descartem a empresa como opção, é possível expandir o alcance da campanha para diversas áreas de negócio dentro da mesma conta.

Tomando o Itaú como exemplo, várias áreas e unidades de negócios podem ser identificadas, incluindo empresas como a Tembici, que atua no segmento de bicicletas compartilhadas. Considere esta situação: você envia e-mails a toda equipe do Itaú ou às áreas específicas de interesse, de forma mais eficiente, convidando pessoas para uma reunião de negócios na qual serão apresentadas soluções para um problema específico. Esse método difere das ligações frias em sequência e afirmações de que o Itaú não é uma empresa nova. No entanto, essa abordagem favorece você, pois lidar com uma empresa com milhares de funcionários pode ser uma tarefa complexa.

Para implementar as boas práticas, uma das estratégias envolve mapear um número maior de pessoas. Essa abordagem baseia-se em outro dado relevante: atualmente, em média, para fechar uma conta com nossos clientes da Maestro, é necessário entrar em contato com, pelo menos, nove pessoas. Isso acontece porque raramente uma única pessoa toma a decisão sozinha. Ao contrário, uma venda pode percorrer várias áreas, como compliance, jurídico, compras, vendas, TI, segurança e outras. Logo, é necessário abordar diversas pessoas em variadas áreas para obter sucesso. Por isso, ao mapear nossos contatos, geralmente incluímos mais de nove pessoas no dossiê, chegando muitas vezes a 30, 40, 50 ou até 60 pessoas. Desse modo, aumentamos nossa entregabilidade, garantindo contato com mais pessoas e em mais pontos. O aumento dos pontos de contato torna-se necessário porque, se limitarmos apenas ao e-mail, a pessoa pode não ver a mensagem. Em contrapartida, empregando outros canais como redes sociais, presentes, eventos e workshops, aumentamos as chances de sucesso. É fundamental trabalhar com diversos canais para minimizar custos e ciclos de vendas. É possível entrar em contato com outras pessoas simultaneamente, utilizando vários canais, como LinkedIn, redes sociais, e-mail, telefone, WhatsApp, entrega de presentes, workshops online, entre outros. Ao longo deste livro, discutiremos diversas maneiras de criar pontos de contato efetivos e de selecionar a mensagem mais adequada para atingir nosso público. As boas práticas apresentadas são baseadas em nossos números e relatórios de ABM.

Para acessar mais dicas de boas práticas, basta apontar a câmera do seu celular para o QR Code ao lado.

Lançamos um relatório sobre o ABM no Brasil recentemente, fornecendo um panorama das ações bem-sucedidas realizadas nessa área. Esse relatório permite comparar sua estratégia de mercado com outras empresas. A comunicação mais eficaz é aquela que reflete a voz da empresa. Eu mesmo adotei uma linguagem mais pessoal que formal, que reflete a personalidade da minha empresa. Tais boas práticas podem ser aplicadas aos seus próprios pontos de desenvolvimento de estratégia ABM. Recomenda-se organizar essas informações para construir um modelo de vendas replicável e previsível para suas contas.

Acesse o relatório completo no material "Panorama Brasileiro de ABM".

Basta apontar a câmera do seu celular para o QR Code ao lado.

1.8 Estudos de caso

Logo de cara, vou falar sobre alguns exemplos de clientes da Maestro com o intuito de fornecer referências para que você possa realizar suas próprias ações de ABM, baseadas nas experiências desses clientes. Um desses casos é da PhoneTrack, uma plataforma de call tracking, utilizada para identificar as origens das chamadas recebidas, analisar o desempenho e recuperar chamadas perdidas. O desafio da PhoneTrack era encontrar empresas-chave e oferecer treinamento interno forte para desenvolver equipes de vendas. Com a solução da Maestro, aprimoramos o marketing e as vendas, fornecendo treinamento na prática e evoluindo a SQED deles (Situation, Questions, Emotions, and Difficulties — Situação, Questões, Emoções e Dificuldades) focados na metodologia.

O mais interessante é que eles conseguiram segmentar as contas-chave em diferentes setores, como o financeiro, automobilístico e imobiliário, o que lhes permitiu personalizar as ações e melhorar o desempenho da equipe de vendas e marketing. Com esse alinhamento, conseguiram aprimorar a construção dos touchpoints, melhorar o relacionamento com os clientes e aumentar a entregabilidade das campanhas, resultando em uma taxa de aproveitamento acima de 15%.

O objetivo da estratégia foi conectar um vídeo gravado com ações posteriores, incluindo feedback sobre o mesmo. O time de vendas e marketing assumiu a responsabilidade conjunta de executar diversas ações. Isso incluiu a criação de contatos essenciais para as contas de marketing, bem como abordagens eficazes para empresas como Crefisa e Honda, visando entender seus desafios e necessidades. Vale ressaltar que a comunicação com fornecedores de níveis semelhantes facilita esse processo. O ABM interno liderou a condução dessas estratégias lado a lado com a nossa equipe, desde a construção do vídeo até a conclusão do playbook. Esse papel foi fundamental para tornar o processo mais previsível e replicável em outras contas, com base no que funcionou para cada segmento.

Um exemplo desse processo ocorreu com a Perfil Group, que desenvolve soluções integradas de processos térmicos e manutenção industrial. Com equipe altamente técnica, a Perfil Group identificou as necessidades de cada cliente, atuando em três operações. Para expandir sua atuação, a empresa precisou entrar em contato com grandes indústrias em diferentes países.

As ações criadas pela equipe envolveram uma metodologia que apresentou uma solução para entrar em contato com empresas específicas, tanto digitalmente quanto por meio de ações offline. O Maestro foi responsável por implementar esse processo, incluindo a estruturação de campanhas, touchpoints e criação de estratégias focadas em cada filial. O resultado foi uma série de campanhas segmentadas e eficazes para a empresa, tocadas pela equipe interna.

O resultado obtido foi extremamente favorável durante uma fase de pré-play, cujo alcance gerou interesse das empresas que já conheciam e acelerou os negócios de empresas que já existiam na fase de negociação comercial. Isso proporcionou a oportunidade de, em vez de fazer contato frio, construir uma consciência entre as pessoas para que soubessem que essas empresas existiam, através de um vídeo personalizado com funcionários do Brasil, Canadá e México falando com outras filiais e repercutindo e levando as ações para a matriz e para a sede. Em outros países, como Canadá, México e Índia, o resultado foi muito positivo, permitindo mapear mais pessoas, gerenciar as perspectivas e trabalhar uma abordagem comercial melhor dessas ações.

As estratégias trabalhadas ao longo desse período foram muito fortes. Em todos os casos de ABM, é essencial ter um alinhamento entre marketing e vendas. Após a implementação da metodologia ABM, tivemos as estratégias mapeadas e a execução das contas conjuntas, o que deixou muito claro o que o time comercial e de marketing estavam trabalhando nessas ações. O marketing, em conjunto com as vendas, conseguiu trabalhar de forma orquestrada, planejando essas ações. Isso é um problema comum e eu o abordo em minhas palestras, workshops e treinamentos. Por isso, estamos construindo ações que criem uma Squad mais organizada dentro das contas planejadas e prospecção segmentada por filiais.

Conseguimos dividir as ações do grupo na edificação e na implementação. Conseguimos visualizar a oportunidade de trabalhar nas dores, desafios e até mesmo cargos de decisões diferentes de cada unidade, além de treinar a equipe. Foi um resultado muito positivo, no qual conseguimos entregar insumos, aplicar a metodologia e replicar para outras contas. Desde a criação dos touchpoints, conseguimos tornar esse processo replicável.

Conseguimos comunicar contatos que não estavam no nosso radar. Isso foi muito importante, pois abrimos novas oportunidades de aproximação de contatos e replicamos a expansão para outros países. Começamos a trabalhar na BHB e a mapear contatos, entrando em filiais. Foi uma vitória muito boa, pois geralmente queremos falar diretamente com a matriz, e organizar esse processo por meio de uma filial e levá-lo para a matriz é um grande touchpoint também.

É importante destacar que é benéfico não limitar a comunicação apenas ao tomador de decisão. Ao se comunicar com outras pessoas dentro da empresa, pode-se obter uma ajuda significativa no processo. Esse foi um ponto super positivo identificado na experiência da Quiron, que é uma startup com um mercado endereçável bastante específico e limitado.

Quando o mercado endereçável é muito pequeno para um nicho específico, como no caso da Quiron, que oferece um software de prevenção de incêndios florestais, isso representa um desafio considerável, pois é um produto de alto valor e uma venda complexa. A Quiron, no entanto, é um excelente exemplo de como uma startup pode ser eficiente, mesmo com recursos limitados. Apesar de ser uma empresa pequena, a Quiron possui expertise em solucionar problemas complexos, como dados de satélites e nanossatélites ambientais, no segmento florestal.

Apesar de ser um time enxuto, a equipe conseguiu implementar uma estratégia de Account-Based Marketing com sucesso. O desafio era levar soluções para grandes indústrias em diversos países, o que exigia um tato específico para gerar resultados além do digital.

A solução da Maestro foi implementada, com o objetivo de fornecer consultoria, garantindo o envolvimento total com o problema do cliente. O resultado foi muito positivo, com o time alinhado e a criação de touchpoints acima da média. A Quiron conseguiu estabelecer mais touchpoints com os clientes, o que é um grande diferencial no mercado.

Após o envio de uma proposta, é comum questionar como dar sequência ao processo. Com o exemplo da Quiron, foi possível evoluir as contas-chave em um período de três meses, reduzindo em 50% o ciclo de vendas anterior. A estratégia de ABM foi fundamental para isso. Ao aumentar a entregabilidade por meio de um alinhamento cultural entre as equipes de marketing e vendas, foi possível superar a dificuldade que muitas empresas enfrentam ao implementar a metodologia.

> É possível conferir mais informações sobre a **Quiron em um episódio do podcast *ABM na Prática*.**
>
> Basta apontar a câmera do seu celular para o QR Code ao lado.

É importante ter uma cultura e um alinhamento claro no processo, além de um entendimento profundo dos problemas do cliente. A personalização das mensagens e o encantamento do prospect são outras ações importantes. A conclusão é que a união do time engajado com a profundidade das contas é fundamental para o sucesso da estratégia, e aguardamos resultados ainda mais expressivos com a maturidade do Account-Based Marketing.

Foi possível reproduzir as ações em outras contas. Um dos principais resultados foi a redução de 50% do ciclo de POC. Este é um caso interessante que eu gosto muito de apresentar, assim como o caso da Ilegra, que é a última história que vou compartilhar antes de ir para a prática. A Ilegra é uma empresa global que atua na área de software, design, inovação e UX.

Qual foi o desafio da Ilegra? Vender para um público altamente técnico e desenvolver negócios complexos. Apesar de já ter estratégias de inbound e outbound, ainda faltava melhorar e personalizar as mensagens para as contas-chave a fim de tornar os esforços da equipe mais assertivos. A solução adotada pela Ilegra envolveu treinamento, implementação de ABM e proposição de melhorias na entrega de cada ação das contas mapeadas. Na prática, foram usadas mensagens mais personalizadas para perfis técnicos.

Quando o público é técnico, é necessário falar a mesma linguagem e mostrar conhecimento do negócio e soluções assertivas para suas necessidades. A estratégia de expansão foi conduzida por meio do ABM, vendendo para quem já é cliente da mesma carteira. É um dos cases mais interessantes de apresentar, porque a empresa conseguiu criar uma estratégia de expansão. Já tinha um cliente dentro do segmento e queriam vender para outras unidades, que eram unidades separadas, e conseguiram escalar. Isso prova que o ABM não é apenas para aquisição, mas também pode ser usado na expansão da carteira e no aumento da receita recorrente, como o upsell e o cross-sell de produtos em soluções com que a empresa trabalha.

Foi realizada uma melhoria na profundidade das contas, na expansão do ABM, no cross-sell e no upsell de produtos, no desenvolvimento da maturidade do time para replicação da estratégia, na montagem do playbook e na sua replicação. Foi uma das áreas em que a estratégia de ABM para expansão foi muito bem trabalhada, com a criação da estratégia por meio do customer success da conta, para encantar o próprio cliente e oferecer serviços em outras áreas e regiões da empresa.

Como posso criar vários pontos de contato para demonstrar casos de uso de clientes que já utilizam essas ações e que podem melhorar ainda mais o meu processo? É necessário considerar o conteúdo técnico, a personalização da linguagem focada na persona e o relacionamento com influenciadores, usando linguagem técnica adequada para se comunicar com programadores e diretores de TI. Esse conhecimento é completamente diferente, com uma linguagem mais técnica e exigindo treinamento para que a equipe possa compreender as dores e utilizar o processo de ABM nas empresas-chave.

O maior aprendizado foi a união do time para conectar mensagens personalizadas com cada uma das pessoas da empresa e o conteúdo técnico, garantindo segurança à autoridade e mostrando estudos de casos bem feitos.

No portal ABM, você pode visualizar e baixar esses estudos de caso.
Basta apontar a câmera do seu celular para o QR Code ao lado.

É claro que usamos ABM para vender o próprio ABM. Quando a ferramenta da Maestro ainda não estava pronta, usamos o processo manual e, hoje, tudo é colocado no software. Adquirimos clientes usando a própria metodologia e, posteriormente, o próprio produto. Com a Soluti, mapeamos as pessoas e montamos a estratégia na Maestro. Usamos o playbook na nossa proposta, incluindo os touchpoints, e fizemos todas as ações necessárias. Mostraremos para vocês como isso foi feito, focando a conta da Soluti. No começo, é importante entender o tempo e o ciclo de vendas, mas esperamos que essa ação atinja o nosso ticket médio.

Em um período de dois meses e meio, realizamos uma ação em conjunto com a Soluti, na qual construímos seis pontos de contato e envolvemos diversas pessoas. Durante o processo, utilizamos o e-mail e o LinkedIn como meios de comunicação, e conseguimos conectar facilmente com as pessoas envolvidas. Por meio dessas interações, criamos um ciclo de vendas de dois meses e meio, com 14 pontos de contato e diversas ações meticulosamente planejadas. Através do nosso processo de ABM, conseguimos criar uma estratégia efetiva e replicável, mantendo um relacionamento constante com nossos clientes. Posteriormente, fizemos muitas outras ações com a Soluti, que mais tarde tornou-se um case de sucesso.

> **Acesse o case completo e veja como a Soluti aumentou em 65% suas oportunidades de grandes contas com uma estratégia de ABM 1:1.**
>
> Basta apontar a câmera do seu celular para o QR Code ao lado.

Ao olharmos para cada touchpoint, podemos entender melhor como desenvolvemos essa ação e como podemos replicá-la em outras contas. Foi possível construir uma relação sólida com nossos clientes através do envio de propostas e apresentações, e graças a esses esforços, conseguimos fechar o negócio com sucesso. Todas as ações realizadas foram meticulosamente planejadas e organizadas dentro do nosso processo, permitindo uma visualização clara de cada ponto de contato. Com a estratégia de ABM, podemos criar processos eficientes em poucos minutos e com poucas ações, permitindo que nossos esforços sejam replicados em outras contas e relacionamentos sejam mantidos.

Foram adquiridas diversas contas utilizando um método próprio juntamente com o processo de ABM. Adicionalmente, foram melhoradas as performances ao longo do caminho. Há ainda outras contas em processo de melhoria, tornando cada vez mais eficiente a capacidade de venda do ABM.

Foi possível identificar algumas referências de estudos de caso, nos quais se observou que muitos pontos de contato foram realizados com influenciadores e decisores, utilizando uma filial. Esse mapeamento do ecossistema da conta é fundamental para a evolução do processo, além do alinhamento entre marketing e vendas, que se tornou uma cultura dentro dessas empresas.

Outro takeaway importante do vídeo foi o uso do playbook, que tornou as ações mais leves e replicáveis, possibilitando a otimização do processo e a identificação dos pontos de contato mais eficazes. É fundamental entender todo o processo para poder criar conteúdos personalizados para a conta, além de tornar o processo mais maduro e otimizado, trocando pontos de contato de forma mais estratégica e personalizada.

É importante ressaltar que a estratégia ABM não deve ser utilizada apenas para aquisição, mas também para expansão de contas, renovação de contratos e prevenção de churn, utilizando a estratégia de cross-sell. Na verdade, há um playbook dentro do Maestro que pode ser utilizado para implementar essa estratégia. Utilizando os templates disponíveis, é possível aprimorar o processo de ABM e, assim, alcançar melhores resultados. Os takeaways que foram apresentados aqui, principalmente a análise dos estudos de casos de clientes que obtiveram sucesso com a estratégia de ABM, foram extremamente valiosos para o aperfeiçoamento do nosso próprio processo.

Saiba mais sobre os estudos de caso também em vídeo.
Basta apontar a câmera do seu celular para o QR Code ao lado.

2. PROFISSIONAL E TIME DE ABM

Um time especialista em ABM é crucial para o sucesso dessa estratégia. Eles trazem conhecimento, expertise, habilidades técnicas, colaboração efetiva e resultados mensuráveis. Investir em um time especializado em ABM é investir no crescimento e na eficácia das vendas, bem como na construção de relacionamentos duradouros com as contas estratégicas.

O profissional de ABM, também conhecido como "ABMer", é responsável por organizar os processos e alinhar a estratégia entre marketing e vendas. Como um estrategista, o maestro ou maestrina de ABM cuida de todo o processo, tornando a certificação de ABM oferecida em nosso site uma qualificação importante para profissionais da área. Com a crescente demanda do mercado por esse tipo de especialização, a formação de profissionais de ABM se torna extremamente importante.

Com a nossa certificação, já formamos mais de 200 profissionais. Nosso objetivo é tornar o cargo de ABM uma posição comum no mercado, assim como outros títulos, como *growth hacker*, para garantir maior organização e orquestração entre marketing e vendas. A função do ABM é essencial para garantir um processo organizado e eficiente. No mesmo sentido, o growth master cuida dos experimentos e testes para otimizar a taxa de crescimento do produto. O ABM cuida do alinhamento entre marketing e vendas, garantindo que a estratégia esteja alinhada com as necessidades da empresa.

O gestor ou gestora responsável pela área precisa criar a estratégia, definir os pontos de contato e coordenar as ações. É fundamental identificar a unidade de negócio, as pessoas que trabalham lá e o tipo de conteúdo mais adequado para a situação. Por exemplo, para prospectar o Itaú, é importante identificar a unidade de negócio e criar um vídeo direcionado para a área. Assim, podemos utilizar diferentes ferramentas de marketing para garantir que nossa mensagem chegue às pessoas certas. No processo de construção de touchpoints, também é importante organizar quem realizará a ação e quem receberá a mensagem, ao contrário do método outbound, no qual se cria uma cadência automática de envio de e-mails que podem resultar em desinteresse do destinatário. A estruturação cuidadosa desses pontos de contato é necessária para maximizar a entregabilidade e expandir a quantidade de pontos de contato, envolvendo diversas unidades de negócio e funcionários do empreendimento.

Assim como um maestro ou maestrina, o profissional ABMer é responsável por liderar as iniciativas de ABM na interface entre vendas e marketing.

Sabemos que o maestro não toca nenhum instrumento, mas ele conduz a orquestra.

À medida que avançamos no processo, avalia-se a efetividade de cada ponto de contato e melhora-se o planejamento para atingir melhores resultados. A figura do ABM é fundamental para a organização e planejamento do processo, por meio de reuniões periódicas com a equipe de vendas e marketing, avaliação de checklists e utilização do ABM Score, previsão de temperatura da conta e sua probabilidade de fechamento.

Após avaliar a semana anterior, verificando a quantidade de pontos de contato realizados, o que foi executado, e definindo as responsabilidades de marketing e vendas, é necessário atribuir as ações a serem realizadas e avaliar quais ações devem ser executadas posteriormente para otimizar o processo. A troca de informações sobre o que está funcionando e o que não está dentro do processo é crucial para melhorar a eficácia das ações realizadas. É altamente recomendável ter uma pessoa designada como o ABMer do projeto para organizar o processo e avaliar o desempenho, a fim de obter previsibilidade e efetividade dentro da estratégia de ABM.

2.1 Como estruturar um time de ABM

Antes de falar apenas sobre o ABM, é importante ressaltar as atividades já realizadas na geração de demanda, uma prática antiga no mercado. A geração de demanda é uma estratégia de marketing que visa identificar oportunidades e trabalhar em canais, eventos e outras ações para qualificar leads para vendas.

No modelo inbound, para qualificar um lead, é necessário avaliar seus atributos e determinar se ele atende aos requisitos para ser aceito pela equipe de vendas. Essa avaliação ocorre em duas etapas: a primeira é a qualificação pelo marketing, conhecida como marketing qualified lead (MQL); a segunda é a validação pelo time de vendas, conhecida como sales accepted lead (SAL). Antes disso, o time de pré-vendas, também conhecido como sales development representative (SDR), realiza a pré-qualificação do lead. É importante lembrar que a geração de demanda depende da colaboração entre marketing e vendas, para que os leads gerados sejam de fato convertidos em contas.

O time de vendas procederá com o lead, encaminhando-o para o processo de SQL (sales qualified lead). Após a qualificação pelo time de vendas, o lead ainda passará por uma reunião e uma oportunidade para mostrar uma demo, evidenciando um avanço no entendimento da proposta. O time de pré-venda já terá feito uma pré-qualificação, seguida de pré-requisitos, e, portanto, encaminhado para um estágio quase de oportunidade. Em seguida, o *lead* passará pelos processos de negociação, envio de proposta, assinatura do contrato e, por fim, fechamento, sob a responsabilidade do closer.

Nessa analogia, o músico é o vendedor, responsável por tocar todos os touchpoints com qualidade e profundidade dentro das contas. Trabalhando com organização, haverá maior número de pessoas envolvidas, aumentando a entregabilidade, os touchpoints e os pontos de contato. Isso contribuirá para uma fluidez na qualidade e personalização das contas. Portanto, a analogia do maestro é apresentada com o intuito de trabalhar de forma mais fluida e eficiente, graças à presença de uma pessoa para organizar essa parte do processo.

No contexto do novo modelo de marketing e vendas, é possível vislumbrar uma abordagem mais eficaz que envolve uma comunicação bidirecional e colaborativa entre as áreas de marketing e vendas, permitindo que ambas possam identificar e concretizar oportunidades juntas. É comum que muitas empresas trabalhem com dashboards separados para cada área, criando uma competição que nem sempre resulta em um aumento real nos números finais. Dando um diferencial, marketing qualified lead (MQL) será substituído pela métrica de MQA (marketing qualify account), ou seja, as contas qualificadas do marketing para que vendas atuem de forma mais efetiva.

Para solucionar essa questão, propõe-se uma nova abordagem em que marketing e vendas trabalhem juntos com base em contas específicas, utilizando um modelo mais eficiente de colaboração. Dessa forma, é possível desenvolver uma cultura de ABM que será abordada com mais detalhes adiante.

A função do ABMer é ser o maestro ou maestrina do processo, para organizar essa orquestra e garantir um concerto bem executado. Esse é o profissional que centralizará as ações dentro da equipe de marketing e vendas e construirá um squad dedicado para cada conta. Além disso, é necessário que a equipe esteja envolvida em cada etapa e acompanhe a evolução do processo para obter métricas e melhorias.

Ao estruturar um plano de ABM, é essencial definir uma estratégia clara e identificar quantos touchpoints são necessários para atingir seus objetivos.

É preciso planejar as mensagens que serão criadas pela equipe de marketing, além de definir o tipo de abordagem que será usada pelos vendedores para cada cliente em potencial. É importante também alocar um vendedor específico para cada conta e contar com o apoio de um profissional de marketing dedicado à ação.

É importante envolver toda a equipe no planejamento, a fim de garantir que as ações estejam alinhadas aos objetivos e às necessidades da empresa. Ao estabelecer um ritual de reuniões e definir as contas que serão trabalhadas, será possível obter resultados mais efetivos e aprimorar o processo continuamente. Com o aprendizado adquirido, será possível replicar a ação internamente com maior maturidade e eficiência.

Um profissional de ABM precisa transitar bem entre as áreas de marketing e vendas para entender a melhor forma de criar campanhas segmentadas. Se o ABM não otimizar as abordagens comerciais e atingir o público certo, a estratégia perde o sentido.

Mas a verdade é que não existe uma receita de bolo para formar um time de ABMers. Existem dicas e pontos que você pode levar em consideração na hora de escolher o profissional ideal. As tarefas e responsabilidades de um profissional de Account-Based Marketing podem incluir:

1. Identificar os clientes potenciais mais valiosos para a empresa (também conhecidos como "contas-alvo").

2. Criar campanhas de marketing personalizadas para atrair e engajar esses clientes potenciais.

3. Desenvolver estratégias de conteúdo para atingir os clientes potenciais através de mídias sociais, e-mail marketing e outras plataformas.

4. Realizar eventos para promover a marca e estabelecer relacionamentos com os clientes.

5. Trabalhar em conjunto com equipes de vendas para ajudar a fechar negócios com os clientes potenciais.

6. Acompanhar e medir o desempenho das campanhas de ABM para avaliar o ROI e identificar oportunidades de melhoria.

7. Gerenciar o orçamento de marketing e garantir que as campanhas de ABM sejam eficazes e rentáveis.

8. Ficar atualizado com as tendências e técnicas de ABM mais recentes para garantir que a empresa esteja sempre utilizando as melhores práticas.

9. Fazer uma reunião com marketing e vendas para organizar quais contas-alvo será prioridade na semana ou quarter.

10. Definir um processo de orquestração para organizar a responsabilidade de cada pessoa que deve ser feita em cada ponto de contato.

Um time de ABM idealmente inclui os seguintes profissionais:

→ **Head de ABM:** é o líder que irá gerenciar toda a estratégia e equipe de ABM, sendo responsável por relatar os resultados ao corpo executivo da organização.

→ **Gerente de campanhas integradas:** é o profissional que atua em diferentes equipes da empresa com o objetivo de garantir o alinhamento entre todos os canais e ofertas.

→ **Gestor de conteúdo**: o conteúdo personalizado é o cerne de uma estratégia de ABM, então você precisa de alguém para coordenar a produção em larga escala.

→ **Gestor de marketing digital:** é a pessoa responsável por gerenciar todas as atividades online de ABM e também liderar ações combinadas com o offline.

→ **Analistas de marketing**: são os colaboradores que ajudam a executar campanhas e eventos, atuando como uma ponte entre clientes em potencial e o time comercial.

→ **Operações de marketing:** são os profissionais que atuam diretamente com dados, ajudando a rastrear o ROI e desempenho das campanhas, além de conectar os sistemas e as pessoas dentro da estratégia de ABM.

→ **Vendas/SDRs:** por fim, temos os vendedores, peças fundamentais no seu time de ABM. Sem eles não há como consolidar os esforços de marketing.

Esse é um organograma ideal, mas é claro que o número exato de funcionários pode variar de acordo com o tamanho da empresa e da estratégia.

> **Para saber mais sobre como montar um time de ABM,** basta apontar a câmera do seu celular para o QR Code ao lado.

2.2 Novas contratações x time existente

É importante ter em mente que o ABM não é (nem deve ser) um braço separado do time de marketing. É claro que você precisa de alguns profissionais dedicados para essa estratégia, mas eles estarão conectados aos outros membros do marketing de alguma forma.

Portanto, mesmo que você julgue necessário fazer novas contratações, pense em maneiras de fazer o time trabalhar integrado, criando uma layer adicional às atividades já realizadas. Alguns questionamentos para te orientar neste processo:

- → **Quem pode ajudar a determinar o ICP e o segmento das contas ideais?** Esta é uma tarefa que geralmente é atribuída ao time de marketing de produto e customer success.

- → **Quem é responsável por revisar os dados da conta regularmente?** O time de operações pode ajudar com isso, e talvez você não precise contratar alguém exclusivamente para essa função

- → **Quem impulsiona as estratégias de conteúdo?** Se você tem um time de geração de demanda, deixe isso sob responsabilidade dele.

- → **Quem se comunica com vendas e outras partes da empresa interessadas?** Defina a melhor squad de ABM.

2.3 Como contratar um profissional de ABM

Procure pessoas que gostam de trabalhar com vendas: um bom profissional de ABM precisa se interessar em trabalhar com a equipe comercial. Se for alguém motivado pelas metas de cota e receita, então, é o profissional ideal. Por isso, busque candidatos com experiências anteriores em vendas.

Identifique profissionais com poder de influência: um profissional de ABM precisa transitar entre diferentes times. É importante ter alguém que consiga orquestrar os esforços de todos e coordenar um movimento que siga a mesma direção. Então, principalmente no momento da entrevista, busque indícios de que o candidato consegue influenciar positivamente outras pessoas.

Foque o caráter estratégico: ABM não é uma campanha, é uma estratégia. Portanto, o profissional precisa ter esse viés. Sem mentalidade estratégica dificilmente você terá alguém preparado para lidar com o Account-Based Marketing. Mesmo que a contratação seja para uma função executora, identifique se o candidato consegue pensar estrategicamente.

Mas como encontrar a pessoa ideal para o cargo? Siga estes passos:

1. Identifique as necessidades do cargo com base na sua estratégia ABM.
2. Crie uma job description.
3. Alinhe a demanda com o seu recrutador ou time de RH.
4. Divulgue a vaga em todos os canais relevantes.
5. Faça uma triagem dos candidatos.
6. Faça entrevistas com os candidatos mais interessantes.
7. Faça a proposta de emprego.
8. Receba o novo colaborador e inicie o seu onboarding.

Exemplo de job description para profissional de ABM

A job description é uma das etapas mais importantes da contratação, pois é por meio dela que você vai comunicar todos os requisitos e atrair os talentos certos. Você pode preparar um documento dividido em quatro partes:

Resumo: descreva o que a empresa está buscando.

> Exemplo: *Estamos procurando um profissional de marketing sênior com experiência em contas, com perfil estratégico e comercial. O profissional será responsável por definir e gerenciar iniciativas de marketing que gerem novos pipelines de vendas e expandam o ticket médio nas contas-alvo da empresa. Esse papel será primordial na implementação e crescimento da nossa estratégia de ABM em 2024.*

Tarefas: aqui você vai descrever quais as responsabilidades previstas para o cargo.

> Exemplo: *Criar e executar planos de marketing multichannel baseados em contas-alvo, pesquisar organizações e personas para produzir campanhas direcionadas, planejar e executar eventos de pequena escala para se relacionar com as personas etc.*

Requisitos: nesta seção, descreva os pré-requisitos para se candidatar à vaga.

> Exemplo: *Mais de cinco anos de experiência em marketing B2B, experiência com vendas B2B na indústria de tecnologia, histórico comprovado de iniciativas de ABM em que já atuou. Certificação em ABM, experiência no desenvolvimento e execução de campanhas de marketing integradas usando táticas digitais, excelentes habilidades de comunicação etc.*

Benefícios: por fim, comente algumas vantagens que a empresa oferece ao colaborador, como VR, VA, plano de saúde e odontológico etc. Isso também é importante e pode aumentar as chances de atração de talentos.

> **Ouça também o podcast sobre carreira, rituais e boas práticas no Account-Based Marketing.**
> Basta apontar a câmera do seu celular para o QR Code ao lado.

2.3 Alinhamento marketing e vendas

Embora marketing e vendas sejam áreas distintas, já trabalhei em empresas que possuíam dashboards separados e números diferentes, o que resultava em problemas de consolidação e baixa eficiência. Porém agora fazemos parte de uma equipe de ABM, cujo objetivo é trabalhar com qualidade e desenvolvimento em um time de alta performance. Para alcançar esse objetivo, é necessário ter uma estratégia bem definida e um processo replicável e previsível. Antes de montar a equipe, é fundamental compreender o que torna um time de ABM diferente e como essa abordagem pode gerar benefícios internamente.

Para isso, é necessário que todos entendam o que é o ABM, o que ganharão com essa estratégia e como podem melhorar seus processos. O ABM é um conjunto de canais liderados por marketing e vendas durante toda a jornada de compra, e é necessário que ambas as áreas estejam em constante comunicação para que a abordagem funcione. Essa integração gera mais qualidade e eficiência, e permite que sejam utilizadas mais ferramentas e envolvidas mais pessoas. O olhar da conta também é diferente do olhar para um lead ou contato isolado, uma vez que é necessário compreender a empresa como um todo e as pessoas que trabalham nela. Portanto, é necessário desenvolver mais estratégias para alcançar esses objetivos, e isso requer a colaboração e o entendimento de toda a equipe.

Para que eu possa realizar uma reunião comercial com determinada conta, é necessário contatar em média nove pessoas. Diante disso, não é suficiente falar com apenas um representante da empresa. Se eu entrar em contato com nove pessoas, há a possibilidade de expandir ainda mais minha rede de contatos. Ao mapear um número maior de pessoas, me torno mais conhecido e consigo estabelecer relacionamentos duradouros com diversos pontos de contato. Isso leva a um nível mais alto de personalização, em que é possível conhecer os colaboradores da conta, compreender suas dificuldades e desafios, além de apresentar soluções eficientes para seus problemas. Essa abordagem demonstra minha autoridade no assunto, baseada em estudos de casos. A orquestração do processo é um dos diferenciais do ABM, que deve ser validado pelas áreas de marketing e vendas, a fim de aumentar a eficiência do processo.

A validação conjunta dos materiais e das mensagens, tanto pela equipe de marketing quanto pela equipe de vendas, é um dos aspectos relevantes da orquestração no ABM. Não é suficiente que o marketing produza os materiais e a equipe de vendas simplesmente faça uso desses recursos. Esse tipo de abordagem é ineficiente e acaba por gerar resultados insatisfatórios. A colaboração entre as duas áreas é fundamental, e a equipe de vendas pode contribuir com o relacionamento com o cliente, trazendo informações relevantes para o marketing. Dessa forma, a equipe de marketing pode ajudar a produzir conteúdo e canais mais adequados para o público-alvo. Podem ser desenvolvidos eventos, workshops e outras ações que possam acelerar o processo e reduzir o ciclo de vendas. É possível também cobrar conteúdos para a equipe de vendas.

A colaboração entre as equipes de marketing e vendas é essencial para evoluir o processo, trazer inovação e promover uma atualização constante.

A orquestração do processo é fundamental, assim como a atuação conjunta das duas equipes, para que o ciclo de vendas seja eficiente. É preciso ser proativo em relação ao status da abordagem e trazer listas de contatos, além de trabalhar em conjunto para a produção de materiais. Na prática, essa abordagem pode ser comparada à função do maestro, que é responsável por coordenar a orquestra e garantir que todos os instrumentos estejam afinados e tocando juntos. O ABM pode ser visto como uma forma de harmonizar as equipes de marketing e vendas e obter resultados mais efetivos.

O primeiro passo para saber como alinhar os processos de marketing e vendas de uma empresa é entender como esses departamentos atuam nos negócios atualmente.

No modelo tradicional, caso dos negócios que investem em outbound marketing, por exemplo, a área de marketing sempre teve uma função de dar suporte a vendas, seja divulgando produtos e serviços, seja fornecendo materiais para auxiliar os vendedores em seu trabalho. Porém, nos últimos anos, com o surgimento de estratégias como o inbound marketing, esse cenário tem se transformado.

A metodologia, que consiste em atrair os consumidores com conteúdos que ajudem a resolver suas dificuldades, surge em um contexto no qual o público está empoderado pela quantidade de informações disponíveis online. Isso exige equipes de marketing e vendas que trabalhem de maneira unificada. Antes, o vendedor atuava em todas as etapas da jornada de compra.

Hoje, quando um contato é repassado para vendas, muitas vezes o consumidor já está em uma etapa mais avançada. Boa parte do percurso é feito por meio de pesquisas na internet, sem interferência de um vendedor. Para executar ações que levem cada contato à próxima fase, as áreas devem trabalhar de maneira integrada. Marketing cria uma estratégia conjunta com vendas, ficando responsável por atrair potenciais clientes. Eles passam por diversos estágios do funil de vendas. Na medida em que avançam e são qualificados, atendendo aos requisitos definidos em conjunto pelos dois times, são repassados para o time comercial.

A diferença, em comparação com a forma tradicional de fazer marketing, é a responsabilidade compartilhada entre as duas equipes. Ambas são encarregadas de trazer receita para o negócio. Na prática, o marketing fica focado em atrair e nutrir os contatos, enquanto o time de vendas faz as abordagens e negociações. Além disso, cabe ao time comercial trazer feedbacks para o marketing sobre a qualidade dos contatos que estão sendo repassados.

No caso dos negócios que fazem vendas B2B, o alinhamento entre marketing e vendas é ainda mais fundamental. Esse tipo de venda costuma ser complexa, ou seja, marcada por alto ticket médio, diversos tomadores de decisão e longos ciclos de venda.

Normalmente, uma venda B2B também envolve grandes quantias de dinheiro e, por conta disso, maior risco. Por esse motivo, ainda, diversas pessoas podem estar envolvidas na aprovação de uma compra, fazendo com que a transação leve mais tempo para ser concretizada.

Para o marketing, isso significa que é preciso conhecer a fundo o público-alvo da empresa, criar conteúdos pautados nas dores do público e personalizar ao máximo as interações. Elas devem ser consistentes e relevantes para os decisores e feitas em diversos canais. O setor de vendas, por sua vez, precisa desenvolver uma abordagem consultiva, demonstrando interesse em resolver as necessidades reais dos clientes, e não somente em vender a todo custo, provando o valor das soluções oferecidas. Com isso, espera-se criar um relacionamento duradouro com os potenciais clientes. É necessário ainda ter paciência para seguir todas as etapas do processo de vendas, sem tentar criar atalhos que coloquem a negociação em risco. Em outras palavras, é necessário focar mais a qualidade que a quantidade.

Crie um service level agreement (SLA): o service level agreement é um acordo entre marketing e vendas, um documento no qual são definidas as responsabilidades de cada uma das equipes.

A quantidade e a qualidade dos contatos que serão passados estão entre essas informações, assim como as metas de cada time. É importante que esteja bem claro quando um contato deve ser repassado do marketing para vendas, para evitar expectativas desalinhadas ou sobrecarga de uma das partes.

Com isso, é possível ter uma comunicação alinhada, saber quem são os envolvidos no processo, as ferramentas que serão usadas, as metas que é preciso alcançar. Em outras palavras, tudo o que diz respeito ao caminho percorrido por um lead dentro de uma empresa, desde quando ele é gerado pelo marketing até quando se torna cliente ou quando é considerado perdido, deve constar neste contrato.

Defina metas conjuntas: há negócios que contam com metas separadas para marketing e vendas. Mas isso não faz sentido se os objetivos das duas áreas são os mesmos: trazer clientes e receita.

Um bom processo de marketing e vendas integrado começa com metas estabelecidas de maneira compartilhada. Não basta o marketing gerar e qualificar leads, passando-os para o time de vendas finalizar o processo. O trabalho colaborativo entre as áreas deve ser feito ao longo de toda a jornada.

Por isso, ao definir metas para marketing e vendas, reúna as duas equipes e faça um brainstorming conjunto. Ao final, deixe claro qual será o papel de cada um.

É comum que marketing fique responsável por número de visitantes, leads gerados, taxa de conversão, leads qualificados pelo marketing (MQL). Já o time de vendas costuma ficar encarregado do volume de vendas, ticket médio e receita gerada.

Mantenha uma comunicação constante: com as metas definidas, é preciso acompanhar as ações que serão feitas para alcançá-las. Para isso, é recomendado ter rotinas de acompanhamento, sempre com representantes das duas equipes.

É possível ter reuniões semanais mais completas, para rever estratégias, por exemplo, e outras diárias, mais rápidas, somente para acompanhar o andamento das tarefas. A comunicação constante entre marketing e vendas é fundamental para melhorar cada vez mais esse processo.

Para saber mais sobre o alinhamento entre marketing e vendas, basta apontar a câmera do seu celular para o QR Code ao lado.

2.4 Desenvolvimento de uma cultura de ABM

Para construir uma cultura de ABM, é imprescindível que a empresa esteja comprometida e engajada com a estratégia. Ao longo de minha experiência profissional, desenvolvi várias estruturas de campanhas de ABM e percebi que, quando a empresa não abraça a cultura, a estratégia falha. Com toda a certeza. Se a implementação ocorre de cima para baixo, é essencial que todos os departamentos estejam envolvidos e comprometidos com a estratégia. Quando apenas alguns setores trabalham com qualidade, outros não conseguem obter o mesmo desempenho, o que afeta o resultado final. Uma empresa que adota a cultura de ABM em todos os níveis possui maiores chances de sucesso, pois todos trabalharão em conjunto, aumentando a qualidade do processo.

Recomenda-se levar informações sobre a cultura de ABM para a empresa, pois é mais eficaz conquistar do que simplesmente convencer os gestores, líderes de departamento ou diretores da importância do ABM. Para auxiliar nesse processo, oferecemos materiais de todos os níveis de conhecimento em nosso Portal de Conteúdo ABM, para que as informações sejam disseminadas por toda a organização.

É fundamental compreender que a cultura de ABM somente funcionará quando toda a empresa estiver engajada.

Em minha experiência pessoal, percebi que a terceirização da estratégia não é efetiva; é necessário envolvimento direto nas ações para obter resultados positivos. Iniciei a criação de um processo e, posteriormente, deleguei tarefas específicas a cada membro da equipe, o que resultou em um processo mais eficiente e funcional.

É essencial vender internamente a estratégia e ter um marketing baseado em contas previamente definidas, com contatos de alta qualidade, a fim de possibilitar um estudo minucioso e uma descoberta eficaz. O alinhamento entre marketing e vendas é crucial, pois permite um trabalho conjunto para conquistar essas contas de maneira estratégica e eficiente. Quando há alinhamento entre as áreas, é possível planejar projeções e estratégias com maior qualidade, não se limitando apenas ao envio de mais e-mails ou execução de mais ações, mas, sim, trabalhando de forma inteligente e com excelência.

ABM não dá certo?
Só deu certo
quando realmente
peguei para fazer!
Faça: se é seu
objetivo vital,
dê um jeito!

Quando a alta liderança da empresa compreende e reconhece essa estratégia, percebe que o processo é inteligente e eficiente, tornando a relação mais poderosa.

Por fim, para garantir o sucesso da estratégia, é necessário adotar o conceito e a cultura, pilares essenciais, disseminando-os por toda a equipe de forma hierárquica, deixando de terceirizar e desenvolvendo um processo replicável e previsível para fortalecer a empresa como um todo.

Para saber mais sobre como criar uma cultura de ABM, basta apontar a câmera do seu celular para o QR Code ao lado.

3. VENDER PARA QUEM?

Nos fundamentos do ABM e as cinco principais práticas, o primeiro item é identificar as contas. Quem são elas? Para quem vamos vender? Como posso criar meu perfil ideal de cliente? Existem algumas maneiras de trabalhar nisso, e vou fornecer algumas orientações para ajudá-lo.

Muitas pessoas começam tentando vender para todo mundo, mas acredito que esta não seja a melhor abordagem. Já perguntei a algumas empresas como elas fazem o ABM, e elas responderam que abordam quem entra em contato ou responde aos formulários. Porém esse não é o perfil ideal de cliente.

O cliente ideal é aquele que faz sentido para o seu produto, que tem compatibilidade com ele e que terá o maior valor ao longo do tempo, com um longo período de permanência e menor probabilidade de cancelamento, além de ter facilidade na adoção do produto.

Talvez você tenha ouvido falar do livro *Receita Previsível*. Aaron Ross escalou a Salesforce dez vezes com a metodologia que ele desenvolveu. Ele sempre diz que as vendas começam com um relacionamento 1:1. No início, é melhor focar um nicho específico. Não adianta tentar vender para todo mundo. A Amazon começou vendendo apenas livros, por exemplo, e a Salesforce também começou com um único produto.

Mesmo que sua empresa esteja em um mercado amplo, é melhor trabalhar com um nicho e desenvolver um produto para uma empresa específica. Acredito que isso funcionará muito melhor para o seu modelo de vendas, e você poderá conquistar referências valiosas.

3.1 O ICP (ideal customer profile) e a sua importância no ABM

Esta é uma das primeiras coisas que ouvimos quando começamos a pesquisar sobre ABM, e não é à toa que tanto se fala sobre o famoso "ideal customer profile" (ICP). É realmente uma peça-chave. O perfil de cliente ideal surge em todos os papos sobre Account-Based Marketing simplesmente por ser o ponto de partida para uma estratégia de sucesso. Sem ele, é praticamente impossível desvendar o caminho mais adequado para a personalização.

O ICP é o perfil ideal de clientes de uma organização. Uma espécie de mapa que revela se uma empresa (no caso de negócios B2B) cumpre as condições básicas para se tornar sua cliente.

Perceba que a ideia ultrapassada de tentar vender a qualquer custo não está mais na mesa. Insistir nos perfis errados é ruim para todas as frentes

Para a sua empresa, que pode até fechar contrato, mas certamente terá churn lá na frente; a empresa-cliente, por não ter as necessidades atendidas, sai frustrada e é vítima de uma experiência negativa.

O ICP, então, é o sonho de consumo! Como o nome mesmo diz, o perfil de cliente *ideal*. Uma descrição completa da organização que você é capaz de atender, gerando valor para ambas.

Um ICP bem feito facilita todo o processo de aquisição, expansão e retenção, uma vez que você conhece o perfil ideal de potenciais clientes, entende suas dores, sabe como resolver seus problemas e é capaz de superar as expectativas com uma solução que já possui.

Vamos a uma analogia simples sobre ideal customer profile: você está com uma dor de cabeça, daquelas que não te deixam trabalhar. Para resolver o problema, vai até a farmácia mais próxima. Explica a situação para o atendente, que reage da seguinte maneira:

→   Não presta atenção no que você fala.

→   Não demonstra interesse em resolver o seu problema.

- → Ao contrário, está mais interessado em resolver o próprio problema — apenas vender.

- → Oferece um multivitamínico e uma pomada natural.

A situação é a mesma, porém mais trágica, quando a sua empresa tenta vender para qualquer outra sem o ideal customer profile. Pode ser que dê certo por mero acaso.

Mas, falando sério, quais são as chances de isso acontecer? Tenho certeza de que nem você nem o seu time querem depender da sorte para bater as metas.

Portanto, o que você prefere? Cruzar os dedos e esperar que funcione, atirando para todos os lados, ou saber exatamente para onde mirar sua estratégia?

Pensando em uma estratégia de ABM, o ideal customer profile é o pontapé inicial. Não quero desanimar ninguém, mas digo o seguinte: não comece ABM sem um ICP. Imagine direcionar todos os esforços para uma conta ou um grupo de contas e, no final, descobrir que não existe fit com a sua operação. Algumas coisas simplesmente não encaixam.

A perda pode ser enorme. Não só de tempo e energia, mas financeira. Saber qual é o seu ICP te ajuda a evitar erros e planejar os próximos passos com mais segurança.

Você já deve ter ouvido o comparativo entre inbound marketing e ABM, que diz que inbound é pescar com rede e ABM é pescar com arpão. Agora, me diga: como fazer ABM sem um ICP? Onde esse arpão vai parar, se você não sabe qual é o melhor peixe para a sua receita?

Outra forma de definir o ICP é criando uma lista de desejo (wishlist de clientes). Dessa forma, você colocará esforços em contas que seriam importantes para você ter no seu portfólio para atrair mais clientes do mesmo segmento; usando uma analogia, é como se tirasse uma nota boa no colégio e colasse o boletim na geladeira para que seus pais vissem.

3.2 Como criar o ICP corretamente

A primeira coisa que preciso dizer sobre descobrir seu ideal customer profile é: não existe fórmula universal. Portanto, não espere uma pílula mágica que faça o trabalho por você. Band-aid arrancado, vamos ao que está ao nosso alcance.

Não tenho como oferecer um mapa do tesouro, mas posso contribuir com algumas dicas que vão te ajudar a organizar as ideias e, eventualmente, formar a sua lista ideal de clientes.

Conheça o que você oferece

Primeiro de tudo, saiba o que o seu produto ou serviço oferece para clientes.

→ Quais são os elogios que vocês mais recebem? E os feedbacks?

→ No caso de churn, quais foram os motivos?

→ O que é impeditivo para o fechamento de negócios?

→ Quais são as reclamações ou os pedidos que prospects mais fazem?

Identifique pontos fortes e pontos a melhorar. Saiba qual é a sua missão enquanto empresa, quais são seus valores e também as dores que a solução resolve.

Análise quem já é cliente

Olhe para dentro de casa antes de se aventurar lá fora. Considerando a carteira atual de clientes:

Quais são os mais relevantes e por quê?

→ O que funciona para estas contas?

→ Quais são as funcionalidades que mais entregam valor?

→ Qual é o ticket médio dos casos de sucesso?

→ Quanto faturam?

- Qual é o tamanho do quadro de pessoas contratadas?
- Quem toma decisões?
- Qual é o segmento de atuação?
- Como funciona o modelo de negócios?
- Onde ficam? Qual o porte?
- E nos casos de fracasso, o que deu errado?
- Quais são os impeditivos para que deslanchem?
- Existe uma série de perguntas que podem ser feitas, pare e analise quais os pontos mais relevantes dentro do seu cenário e explore. Sem medo.

Estabeleça seus próprios critérios

Pense no perfil ideal como um conjunto de características ou atributos que estão presentes em empresas que podem se tornar seus clientes mais valiosos. Tais características ou atributos podem ser:

- Firmográficos: como porte ou segmento de atuação.
- Tecnográficos: como tecnologias utilizadas ou desejadas.
- Comportamentais/Estruturais: como processos, estruturas de time e contratações.

Lembre-se: só você pode definir os critérios mais relevantes para a construção do seu ICP, uma vez que cada organização é única.

Desvende novas possibilidades

Depois de cruzar informações e entender quais perfis se encaixam melhor na proposta de valor da sua empresa, é hora de olhar para fora. Faça pesquisas de mercado para descobrir quem pode estar buscando uma solução que você pode oferecer.

- → Quais são os planos de médio a longo prazo dessas organizações?
- → Onde atuam?
- → Trabalham com algum concorrente seu?
- → Principalmente: quais empresas preenchem todos os critérios estabelecidos? Estas farão parte do seu ideal customer profile.

3.2 Como preparar a TAL (total account list) baseada no ICP

Que tal você preparar a sua TAL? Ficou estranho, mas TAL significa "total account list", baseada no seu ICP.

É preciso saber quantas contas temos como potenciais clientes.

É importantíssimo conhecer o tamanho do seu mercado, o que chamamos de "total available market" (TAM). Isso se refere à oportunidade de receita disponível para o seu produto ou serviço. A partir disso, você pode começar a segmentar e encontrar o cliente ideal dentro desse mercado.

Uma maneira de fazer isso é olhando para a sua carteira de clientes existente. Se já vende para o setor de RH, por exemplo, você já tem referências e autoridade na área. O mesmo vale para a logística ou softwares verticalizados. Você precisa definir um nicho e o perfil ideal de cliente antes de avançar para o próximo passo, que é trabalhar nos setores.

É interessante também criar uma lista de desejos, uma espécie de wishlist das principais contas que você gostaria de ter em sua carteira de clientes. A estratégia consiste em construir uma lista para cada setor ou segmento em que você atua. Por exemplo, se tem um cliente da área de saúde como a Unimed, pode buscar outras empresas semelhantes no setor. Depois, pode expandir para o setor financeiro, varejo, educação, logística, e assim por diante. É possível trabalhar com diversos segmentos dentro dessa estratégia.

Após validar ICP e TAL, eu recomendaria começar com cerca de cinco contas para testar e entender como estruturar essa estratégia, sempre buscando aprimorar seu modelo continuamente.

> **Dica extra: calculadora de contas.** Se você quer uma ajuda extra, utilize a calculadora de contas que disponibilizamos.
>
> Basta apontar a câmera do seu celular para o QR Code ao lado.

Ela vai te ajudar a identificar quais são as contas prioritárias para dar início a estratégia. Siga as dicas de uso para estabelecer os critérios que são importantes para sua empresa. Alguns critérios que podem ser considerados são: faturamento anual, número de colaboradores, contratações no LinkedIn e informações obtidas no CRM ou funil de marketing de automação. Também é interessante identificar se há potencial para upsell, ou seja, oferecer outros serviços para clientes existentes.

Não se esqueça de considerar o contato com pessoas decisórias ou influenciadoras, o ramo de atuação, o nível de resolução do problema e a necessidade.

Utilize uma pontuação adequada para cada critério e obtenha uma pontuação que ofereça as respostas necessárias, por exemplo, uma escala de 1 a 5 ou de 1 a 10. Certifique-se de que os critérios sejam claros para proporcionar mais segurança à sua equipe.

Adicione os critérios à planilha, como o nome da empresa, setor, faturamento, número de colaboradores etc. Em seguida, coloque os nomes das empresas que você está prospectando. Ao preencher os critérios para cada empresa, a planilha irá calcular a pontuação.

Dessa forma, você pode priorizar as contas com maior pontuação. Isso ajuda a escolher as contas que serão incluídas na sua lista e a iniciar o processo de construção dessa lista. Além disso, é possível utilizar critérios adicionais, como o tipo de ação e nome da empresa, para facilitar a organização e análise dos dados.

3.3 Dossiê: quem sente a dor? Quem assina o cheque? Quem vai operar?

Após decidir para qual conta você deseja vender, é chegada a hora de estabelecer os pontos de contato. É importante termos conhecimento sobre a conta em questão e coletarmos mais informações sobre ela. Nesta etapa de criação da lista de contatos, devemos identificar as principais pessoas envolvidas, ou seja, quem sente a dor, quem toma a decisão de compra, quem operará a solução etc.

Para isso, é necessário realizar uma pesquisa interna. Podemos utilizar ferramentas como a relação com investidores (RI); basta digitar no Google o nome da empresa + RI para acessar informações relevantes. A RI apresenta a relação da empresa com os investidores, calendários de eventos, divulgação de resultados, aquisições e outras informações importantes. É possível obter os resultados trimestrais, eventos futuros, apresentações em PDF, chamadas de resultados, estratégias e próximos passos da empresa. Esses dados permitem uma melhor compreensão da situação atual, dos focos e das metas da empresa.

Outra maneira é criar um Google Alerta para o nome da conta, assim você terá no seu e-mail em primeira mão quando sair uma notícia na mídia.

No LinkedIn, é possível obter gratuitamente muitas informações sobre empresas e contatos. Ao pesquisar o nome da empresa, já é possível encontrar algumas pessoas da empresa, vagas disponíveis e publicações.

> **Se você deseja se aprofundar nesse aspecto, recomendo ouvir o podcast sobre o assunto com o Cris Santos. Ficou bastante esclarecedor.**
>
> Basta apontar a câmera do seu celular para o QR Code ao lado

Além disso, é fundamental identificar as pessoas-chave envolvidas no processo de compra. Já mencionamos três tipos principais: o influenciador, responsável por identificar a necessidade; o tomador de decisão, responsável por assinar o contrato; e o usuário, quem irá operar a solução. Ao se concentrar nessas pessoas, é importante considerar suas dores, garantir que a equipe esteja preparada e tenha o conhecimento necessário para atender às necessidades do cliente.

A confiança é essencial para o sucesso das negociações, e isso é alcançado quando a equipe possui conhecimento e expertise.

Cada pessoa dentro de uma empresa possui as próprias KPIs (métricas-chave de desempenho), objetivos, desafios e metas. Elas têm perspectivas e comportamentos diferentes, o que significa que não podemos enviar a mesma mensagem para todos. Portanto, é importante descobrir as informações específicas de cada pessoa dentro da empresa.

Além de informações pessoais, atributos físicos e psicológicos, é importante destacar a dor principal que sua solução resolve para cada pessoa e adaptar a mensagem de acordo. Não podemos enviar a mesma mensagem para todos, pois isso não se conectará com cada indivíduo. Além disso, não devemos excluir, nunca, os influenciadores. Não precisamos, nem podemos, nos comunicar apenas com os tomadores de decisão. Podemos ampliar nossa estratégia envolvendo influenciadores para ajudar a transmitir a mensagem. Por exemplo, se você deseja vender para uma grande rede, pode ser benéfico abordar um franqueado como ponto de contato inicial. O franqueado já possui autoridade e pode levar a mensagem adiante.

Para criar uma estratégia de ABM mais efetiva, é necessário mapear vários pontos de contato. Não é suficiente focar apenas o tomador de decisão. Essa abordagem pode ser a ideal, mas não é a realidade. Por isso, é importante mapear outros pontos de contato para auxiliar nas negociações. Essa abordagem tem se mostrado cada vez mais efetiva. Por exemplo, com os contatos mapeados, podemos criar uma *pré-play* antes da *sales play*. Antes de realizar uma venda, é necessário causar impacto.

Normalmente, é preciso entrar em contato com cerca de nove pessoas, em média, para fechar uma venda. Durante esse processo, é comum interagir com gatekeepers, setores de compras, compliance, jurídico e áreas financeiras envolvidas na negociação. Também é possível mapear diferentes centros de custo, unidades de negócio e influenciadores. Na estratégia de conteúdo, será abordado como aprimorar essa abordagem e na jornada de compra é importante compreender em qual estágio cada pessoa se encontra e adaptar a comunicação de acordo com isso.

4. ORQUESTRAÇÃO DE ABM

Uma orquestração consiste em um conjunto de pontos de contato, ou seja, atividades programadas para engajar o público-alvo. Antes de construir uma orquestração, é importante definir o objetivo, seja aquisição, follow-up, upsell ou cross-sell, por exemplo.

É comum iniciar o ABM focando na aquisição de novos clientes, mas também é possível obter sucesso na expansão, realizando upsells e cross-sells para clientes existentes. Cada empresa pode ter várias unidades de negócio (BUs) e diferentes oportunidades de crescimento, o que permite construir orquestrações personalizadas para cada caso.

Dentro de uma orquestração, chamada de "play", são definidas ações voltadas para o objetivo em questão. Por exemplo, é possível criar um vídeo personalizado, elaborar estudos de caso relevantes para a área de atuação do cliente, enviar gift cards, realizar workshops exclusivos e, assim, conduzir a conta prospectada para um projeto-piloto (POC) e outros estágios do processo de venda.

Cada ação dentro da play, também conhecida como touchpoint, é planejada com detalhes, como data, responsável, canal de comunicação, conteúdo e pessoa envolvida. É importante aumentar a quantidade de touchpoints para aumentar a entregabilidade, ou seja, a efetividade da estratégia de ABM. Isso pode ser alcançado por meio de mais pessoas envolvidas, diferentes canais de comunicação e uma estruturação sólida da estratégia.

Dentro de uma play, é possível ter uma visão clara dos responsáveis e dos canais adaptados para cada touchpoint. O maestro ou maestrina do ABM não precisa ser a pessoa que executa cada ação, mas pode auxiliar na organização e direcionamento das atividades, envolvendo a equipe de vendas, por exemplo.

É importante ressaltar que não existe uma sequência fixa ou uma receita de bolo para os touchpoints. Quanto mais informações e ações forem adicionadas, maior será a efetividade da estratégia. O número de touchpoints pode variar, mas em média são realizados cerca de 22 antes de se obter uma reunião.

No Maestro, é possível criar e orquestrar as plays, atribuir responsabilidades, definir datas, canais de comunicação e conteúdos específicos para cada touchpoint. Essa ferramenta facilita a execução e o acompanhamento das atividades, permitindo ajustes conforme necessário.

Em resumo, a orquestração no ABM consiste em definir objetivos, criar plays com ações personalizadas para cada objetivo e utilizar diferentes touchpoints para engajar o público-alvo. Com uma estrutura sólida, envolvimento adequado da equipe e uso de ferramentas apropriadas, é possível criar e executar uma orquestração com maestria.

Saiba mais sobre uma orquestração de ABM.
Basta apontar a câmera do seu celular para o QR Code ao lado.

4.2 Dossiê

O dossiê é um documento ou conjunto de informações compiladas sobre uma empresa-alvo específica. O objetivo do dossiê é fornecer uma visão aprofundada da empresa, seus principais decisores, influenciadores e características relevantes que possam ajudar na personalização e direcionamento das abordagens de vendas e marketing. Um dossiê de ABM geralmente inclui informações como:

1. **Visão geral da empresa:** descrição detalhada da empresa-alvo, sua história, valores, setor de atuação e posição no mercado.

2. **Estrutura organizacional:** identificação dos principais decisores e influenciadores dentro da empresa, incluindo cargos, responsabilidades e hierarquia.

3. **Análise da dor ou desafios:** compreensão das dores ou desafios específicos que a empresa enfrenta e que podem ser resolvidos pelo seu produto ou serviço.

4. **Metas e objetivos:** identificação das metas e objetivos estratégicos da empresa para que você possa alinhar suas abordagens com suas necessidades e prioridades.

5. **Conexões e relacionamentos:** identificação de conexões existentes entre sua empresa e a empresa-alvo, como contatos em comum, ex-alunos, eventos em que ambos participaram etc. Essas conexões podem ajudar a estabelecer um terreno comum e fortalecer o relacionamento.

6. **Atividades e histórico:** monitoramento das atividades recentes da empresa-alvo, como postagens em redes sociais, notícias, participação em eventos, lançamentos de produtos etc. Essas informações podem fornecer insights sobre os interesses e necessidades atuais da empresa.

Ao compilar um dossiê de ABM, você pode reunir informações de diversas fontes, como pesquisas online, redes sociais, bancos de dados profissionais, conversas com contatos em comum e interações anteriores com a empresa-alvo. O dossiê serve como um guia para personalizar e direcionar suas abordagens, permitindo que você demonstre um entendimento profundo da empresa e suas necessidades específicas, aumentando assim suas chances de sucesso na conquista desse cliente.

4.3 Plays

Também conhecida como ABM Play, a play de ABM é um plano de ação detalhado que descreve as etapas específicas a serem seguidas para atingir um determinado objetivo de marketing ou vendas em relação a uma empresa-alvo. Cada play é projetada para abordar as necessidades e desafios únicos da empresa-alvo e envolve uma combinação personalizada de canais de comunicação, conteúdo e interações direcionadas.

Existem várias nomenclaturas relacionadas a essas estratégias, mas geralmente as principais são: Pré-play, Sales Play e CS Play. Além dessas, também podemos ter outras, como Event Play e Follow-up Play. O importante é que cada uma dessas estratégias tem um objetivo específico.

Começando pela Pré-play, ela tem a finalidade de criar awareness, ou seja, conscientização da marca. Em vez de fazer uma abordagem direta, como uma ligação fria, a Pré-play busca construir reconhecimento da marca por meio de diferentes ações personalizadas. Isso pode envolver anúncios online, posts em redes sociais, PDFs personalizados ou qualquer outra forma de encantamento e abordagem antes da oferta comercial. Essa estratégia é adaptada de acordo com cada conta e pode incluir ações tanto online quanto offline, dependendo do perfil do cliente. A ideia é criar uma conexão antes de abordar diretamente a venda, visando gerar autoridade e relacionamento por meio de diversos touchpoints.

A Sales Play é uma das mais utilizadas. Ela pode ter como objetivo o envio de uma proposta, o agendamento de uma reunião ou até mesmo o fechamento de um contrato. Dentro da Sales Play, existem várias abordagens possíveis, como focar no fechamento de um contrato, no follow-up de uma negociação, na renovação de um contrato ou na realização de uma prova de conceito (POC). A Sales Play pode incluir ações offline, como eventos específicos para um público seleto, com etapas de pré-evento para confirmar a participação, durante o evento para atrair atenção e após o evento para manter o engajamento.

Outra vertente da Sales Play, que é trabalhada pela equipe Maestro, é o mapeamento de contas e a criação de estratégias personalizadas para cada uma delas. Isso inclui abordagens específicas para o fechamento de contratos, follow-up, renovação e até mesmo para levar o cliente a fazer uma POC. Nessa estratégia, é possível disponibilizar brindes ou partes gratuitas do serviço para gerar valor e fortalecer o relacionamento com o cliente antes da compra.

Por fim, temos a CS Play, que se refere a Customer Success Play, ou seja, estratégias voltadas para pós-venda e atendimento ao cliente. Essa estratégia visa diminuir a taxa de cancelamentos, renovar contratos, aumentar a receita recorrente mensal (MRR) com a venda de novos produtos ou serviços e expandir o relacionamento com o cliente. A CS Play é desenvolvida pela equipe de atendimento ao cliente e também pode envolver a área financeira para a renovação de contratos e a oferta de soluções adicionais.

Cada uma dessas estratégias, Pré-play, Sales Play e CS Play, tem objetivos específicos, que podem ser adaptados de acordo com as necessidades de cada conta. Ao construir uma Play dentro da plataforma Maestro, é possível selecionar o tipo de estratégia desejada e definir os objetivos, datas e ações de cada touchpoint. Além disso, é possível utilizar templates preexistentes ou criar ações personalizadas para cada conta. O objetivo principal é direcionar a estratégia de ABM de forma efetiva, buscando sempre construir relacionamentos sólidos e agregar valor aos clientes.

Alguns playbooks e templates de Plays:

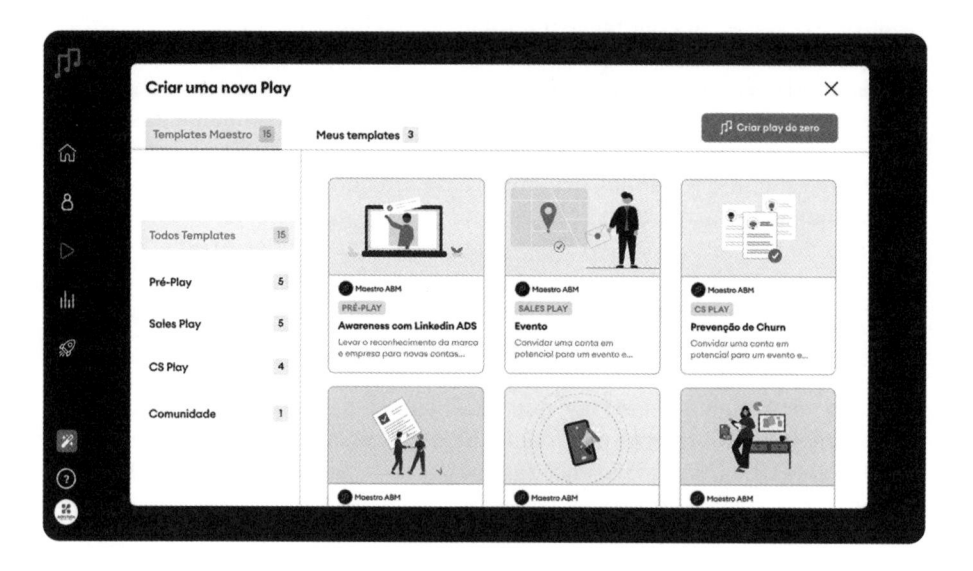

4. ORQUESTRAÇÃO DE ABM

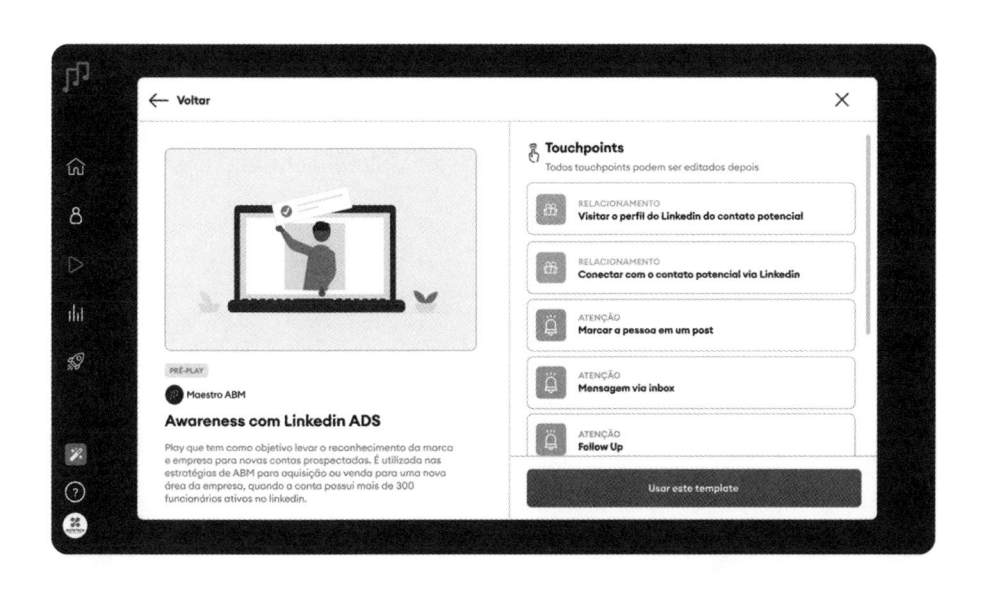

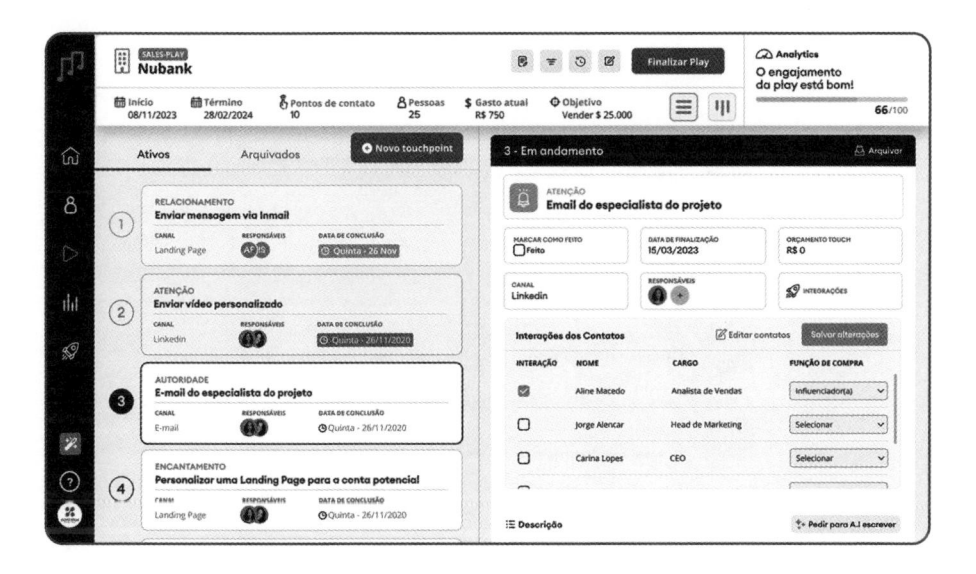

Exemplo de Pré-play:

Desbloqueie o potencial do LinkedIn

Play específica para contas que utilizarão o LinkedIn em suas ações com foco em relacionamento.

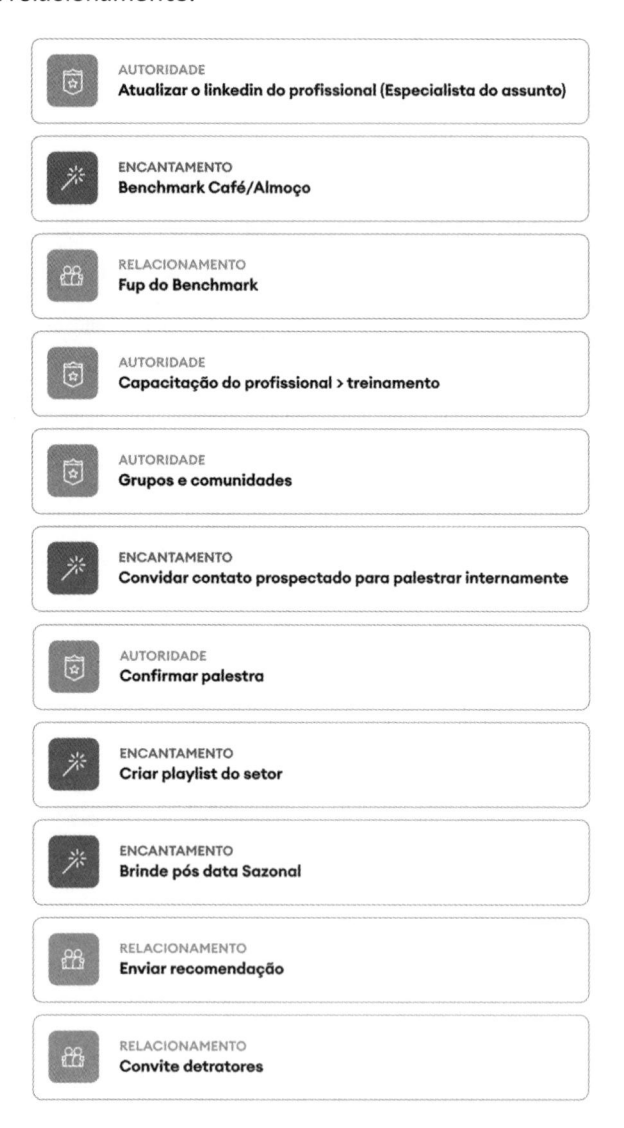

- **AUTORIDADE**
  Atualizar o linkedin do profissional (Especialista do assunto)

- **ENCANTAMENTO**
  Benchmark Café/Almoço

- **RELACIONAMENTO**
  Fup do Benchmark

- **AUTORIDADE**
  Capacitação do profissional > treinamento

- **AUTORIDADE**
  Grupos e comunidades

- **ENCANTAMENTO**
  Convidar contato prospectado para palestrar internamente

- **AUTORIDADE**
  Confirmar palestra

- **ENCANTAMENTO**
  Criar playlist do setor

- **ENCANTAMENTO**
  Brinde pós data Sazonal

- **RELACIONAMENTO**
  Enviar recomendação

- **RELACIONAMENTO**
  Convite detratores

Exemplo de Sales Play:

Foco no fechamento | Hora do fechamento | Último passo da venda

Play utilizada para um potencial cliente com o objetivo de comunicar com compras e decisores

- **AUTORIDADE** — Conteúdo focado nos detratores
- **ATENÇÃO** — Follow Up
- **RELACIONAMENTO** — Visita na sede
- **RELACIONAMENTO** — Coffee Estratégico
- **AUTORIDADE** — Compartilhe NEWS
- **AUTORIDADE** — Benchmark MKT
- **ATENÇÃO** — FUP da visita presencial
- **AUTORIDADE** — Agendar a reunião comercial
- **ATENÇÃO** — Vídeo do produto
- **RELACIONAMENTO** — Eventos - Supply Chain
- **ATENÇÃO** — Campanha do produto
- **AUTORIDADE** — Entregáveis - Plano de sucesso personalizado
- **AUTORIDADE** — Guia prático de compras
- **AUTORIDADE** — Apresentação da proposta comercial
- **ATENÇÃO** — FUP da proposta
- **ENCANTAMENTO** — Jornada de sucesso
- **ENCANTAMENTO** — Almoço estratégico

Event Play:

Ações para grandes eventos

Play utilizada com objetivo de levar contatos estratégicos a um grande evento que será patrocinado por sua empresa.

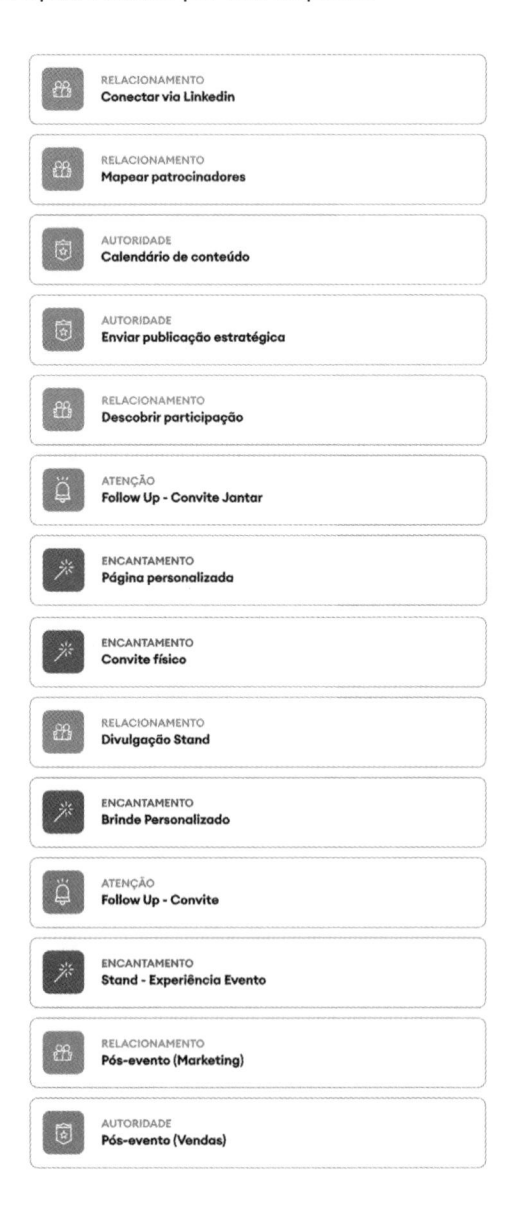

RELACIONAMENTO	Conectar via Linkedin
RELACIONAMENTO	Mapear patrocinadores
AUTORIDADE	Calendário de conteúdo
AUTORIDADE	Enviar publicação estratégica
RELACIONAMENTO	Descobrir participação
ATENÇÃO	Follow Up - Convite Jantar
ENCANTAMENTO	Página personalizada
ENCANTAMENTO	Convite físico
RELACIONAMENTO	Divulgação Stand
ENCANTAMENTO	Brinde Personalizado
ATENÇÃO	Follow Up - Convite
ENCANTAMENTO	Stand - Experiência Evento
RELACIONAMENTO	Pós-evento (Marketing)
AUTORIDADE	Pós-evento (Vendas)

Exemplo de CS PLAY:

Renovação de contrato

Play utilizada para clientes-base que tem o objetivo de reter os contratos estratégicos.

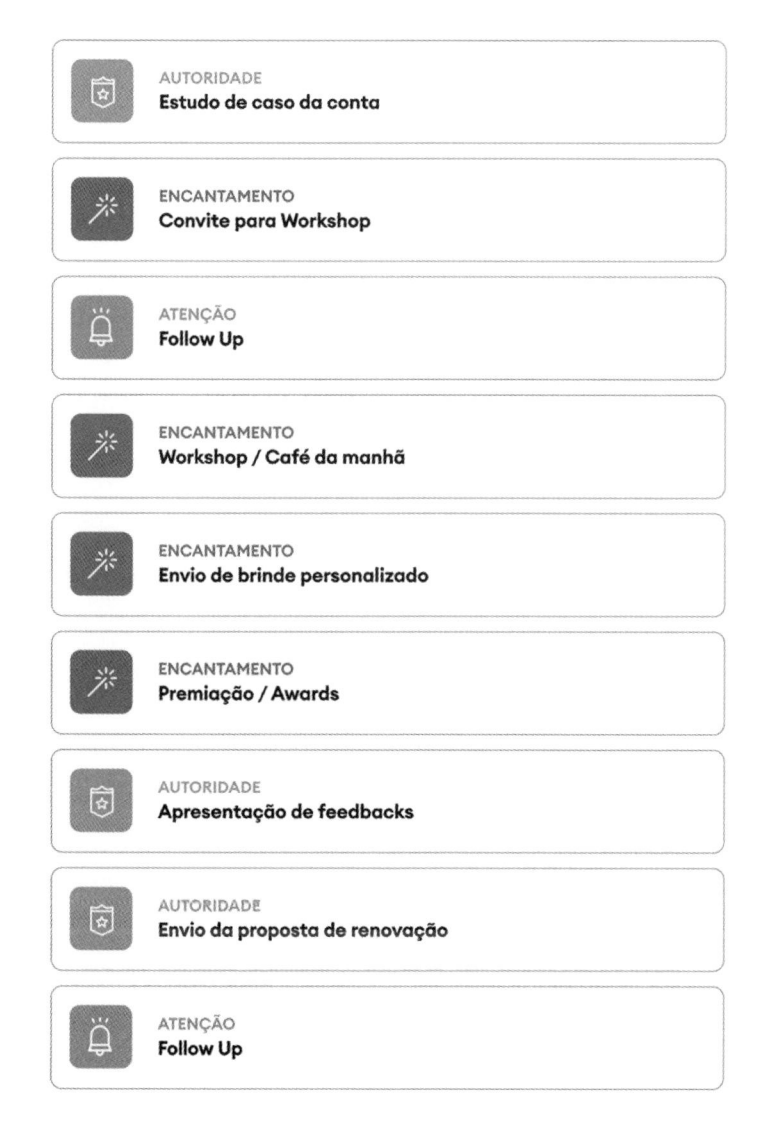

> **AUTORIDADE**
> Estudo de caso da conta

> **ENCANTAMENTO**
> Convite para Workshop

> **ATENÇÃO**
> Follow Up

> **ENCANTAMENTO**
> Workshop / Café da manhã

> **ENCANTAMENTO**
> Envio de brinde personalizado

> **ENCANTAMENTO**
> Premiação / Awards

> **AUTORIDADE**
> Apresentação de feedbacks

> **AUTORIDADE**
> Envio da proposta de renovação

> **ATENÇÃO**
> Follow Up

4.4 Touchpoints

Um touchpoint de ABM refere-se a qualquer ponto de contato ou interação entre sua empresa e uma empresa-alvo específica como parte de uma estratégia de Account-Based Marketing. Esses touchpoints são momentos-chave em que você tem a oportunidade de se envolver, comunicar e influenciar os decisores e influenciadores dentro da empresa-alvo. Os touchpoints de ABM podem ocorrer em vários canais e formatos, e são projetados para fornecer uma experiência personalizada e relevante para a empresa-alvo.

Ao executar uma estratégia de ABM, é essencial identificar os touchpoints mais eficazes para se conectar com a empresa-alvo e personalizá-los com base nas necessidades e preferências específicas de cada empresa.

Os touchpoints bem planejados e relevantes aumentam as chances de engajamento, construção de relacionamentos e sucesso nas interações com a empresa-alvo.

Utilizando um exemplo de Pré-play com foco em relacionamento, podemos definir pontos de contato da seguinte maneira:

1. Iniciar um relacionamento por meio do LinkedIn, estabelecendo conexão com uma pessoa da equipe de vendas.

2. Interagir com as postagens em outros pontos de contato, demonstrando interesse e engajamento.

3. Criar uma landing page personalizada para essa conta, oferecendo informações relevantes e exclusivas.

4. Enviar um incentivo por e-mail, como um gift card ou voucher iFood ou Uber, como forma de demonstrar atenção e valorizar o relacionamento.

5. Agendar um benchmark para estabelecer autoridade e apresentar números relevantes que demonstrem o sucesso de outros clientes.

6. Enviar um convite por e-mail, convidando a pessoa para conferir um post feito especialmente para a conta, abordando suas necessidades específicas.

7. Montar uma palestra com dados ou relatório que possam ser úteis para conta.

8. Fazer um estudo de caso de clientes do mesmo segmento da conta para apresentar uma prova social.

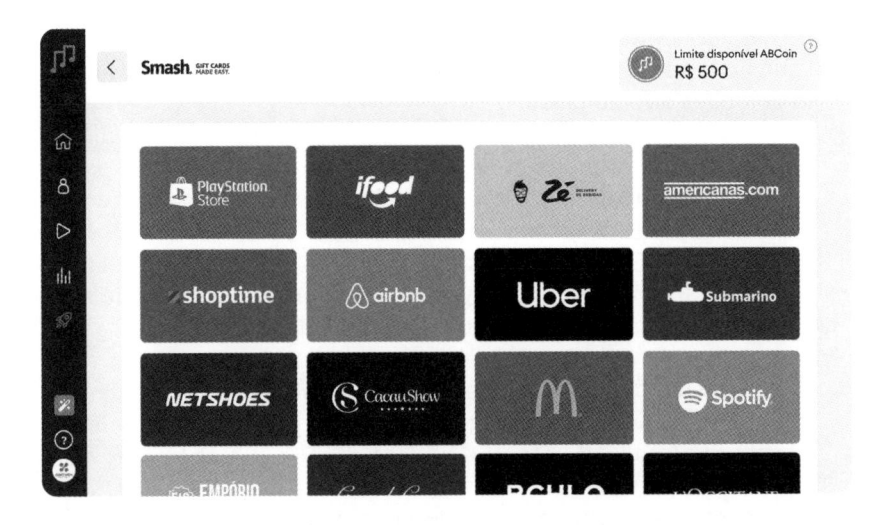

Essas ações podem ser automatizadas e realizadas por meio de diferentes canais de comunicação. Embora estejamos nos relacionando com uma única pessoa, podemos envolver mais pessoas em um ponto de contato. Essas ações podem ser replicadas para alcançar mais indivíduos. Quanto mais personalizadas forem as ações, melhor será o uso dos touchpoints. Por exemplo, se percebermos que a conexão com o RH interagiu com uma postagem específica, podemos adaptar a interação de acordo com as preferências individuais. Portanto, quanto mais personalizadas forem essas interações nos touchpoints, mais eficazes elas serão.

Agora, vamos explorar exemplos de touchpoints para uma Sales Play na fase de consideração:

1. Enviar um convite por e-mail para palestrar em um evento relevante para o cliente, mostrando autoridade e conhecimento no assunto.

2. Criar uma apresentação em PowerPoint personalizada para chamar a atenção em uma ligação, abordando os desafios específicos enfrentados pela conta.

3. Enviar um convite por e-mail para um almoço executivo, proporcionando uma oportunidade de networking e discussão mais aprofundada.

4. Enviar um convite para um workshop exclusivo para essa conta, que pode ser realizado por chamada, fornecendo insights valiosos e soluções direcionadas.

5. Trabalhar com brindes personalizados, de acordo com as preferências individuais do cliente, como forma de demonstrar atenção e valorização.

6. Apresentar um relatório técnico para demonstrar autoridade e conhecimento sobre o setor e suas necessidades específicas.

7. Fornecer um comparativo de operações para mostrar a cadeia de valor, destacando as vantagens e desvantagens da contratação do serviço/produto.

8. Demonstrar autoridade oferecendo uma prova de conceito por chamada, incluindo uma proposta detalhada do projeto por meio do LinkedIn para chamar a atenção do cliente.

9. Mostrar autoridade por meio de treinamentos internos presenciais, envolvendo toda a equipe e fornecendo uma visão aprofundada do produto/serviço.

10. Enviar uma proposta em vídeo por e-mail, apresentando de forma envolvente os benefícios e diferenciais do produto/serviço.

Além disso, podemos realizar várias ações de encantamento, como convites para eventos internos, apresentação de novas funcionalidades, depoimentos em blogs e oferecimento da oportunidade de experimentar uma funcionalidade recém-lançada.

É importante ressaltar que o relacionamento não termina na venda.

Podemos utilizar uma CSS Play para upsell e cross-sell, coletando informações aprofundadas com a equipe de customer success (CS). Também é possível implementar estratégias de renovação, levando em consideração a situação atual do cliente e planejando com antecedência o momento de iniciar essa play, para que o cliente não seja pego desprevenido.

Aqui estão alguns exemplos de touchpoints para esta fase:

1. Demonstrar autoridade com um estudo de caso específico da conta, destacando os resultados obtidos e os benefícios alcançados.

2. Convidar o cliente para um workshop e fazer follow-up deste convite. O café da manhã deste workshop pode ser presencial ou digital, mas é mais interessante quando é presencial para proporcionar uma experiência melhor.

3. Enviar um vídeo brief personalizado, no qual destacamos as melhorias e os próximos passos para a parceria.

4. Criar um prêmio para colocar o cliente no centro da apresentação de feedbacks, demonstrando autoridade e valorizando a parceria.

5. Enviar a proposta de renovação e fazer follow-up dessas ações, garantindo que o cliente esteja ciente das opções disponíveis e do valor que a renovação trará.

Perceba que há vários touchpoints que podem ser trabalhados, e é natural envolver mais pessoas além daquelas que foram inicialmente mapeadas em uma estratégia de ABM. Essas são algumas das ações que trabalhamos em ABM e que envolvem diversos touchpoints. Dentro da nossa plataforma Maestro, além dos touchpoints predefinidos, é possível criar pontos de contato altamente personalizados para ações de relacionamento, atenção, autoridade e encantamento.

Para mais exemplos de touchpoints, basta apontar a câmera do seu celular para o QR Code ao lado.

Alguns exemplos dentro da Maestro:

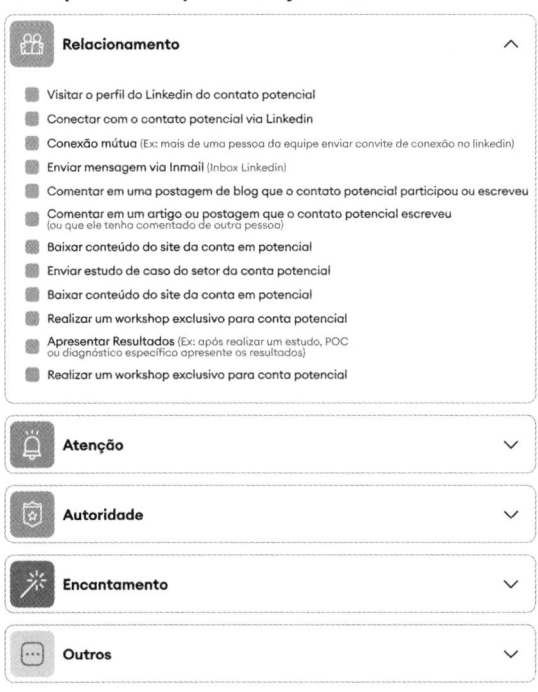

Que tipo de touchpoint deseja criar?

Relacionamento

- Visitar o perfil do Linkedin do contato potencial
- Conectar com o contato potencial via Linkedin
- Conexão mútua (Ex: mais de uma pessoa da equipe enviar convite de conexão no linkedin)
- Enviar mensagem via Inmail (Inbox Linkedin)
- Comentar em uma postagem de blog que o contato potencial participou ou escreveu
- Comentar em um artigo ou postagem que o contato potencial escreveu (ou que ele tenha comentado de outra pessoa)
- Baixar conteúdo do site da conta em potencial
- Enviar estudo de caso do setor da conta potencial
- Baixar conteúdo do site da conta em potencial
- Realizar um workshop exclusivo para conta potencial
- Apresentar Resultados (Ex: após realizar um estudo, POC ou diagnóstico específico apresente os resultados)
- Realizar um workshop exclusivo para conta potencial

Atenção

Autoridade

Encantamento

Outros

Que tipo de touchpoint deseja criar?

Relacionamento

Atenção

- Ligue para o contato potencial, mas não deixe chamada de voz
- Enviar uma mensagem de texto (SMS / WhatsApp / Telegram)
- Envie o link do vídeo personalizado
- Segmentar contatos em potencial no anuncio personalizado
- Follow Up

Autoridade

Encantamento

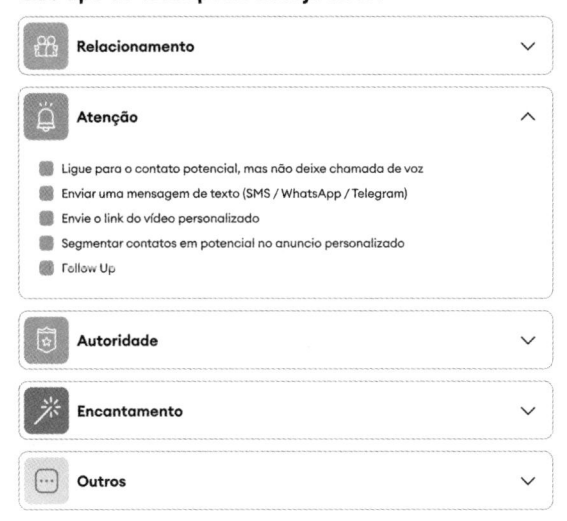

Outros

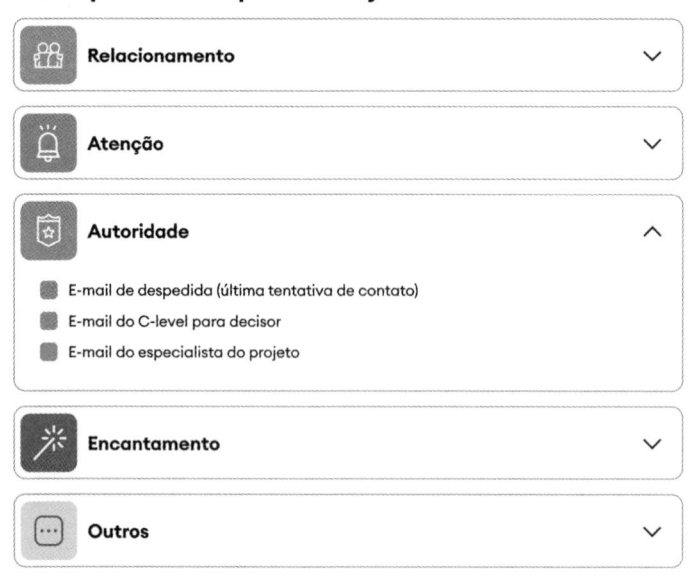

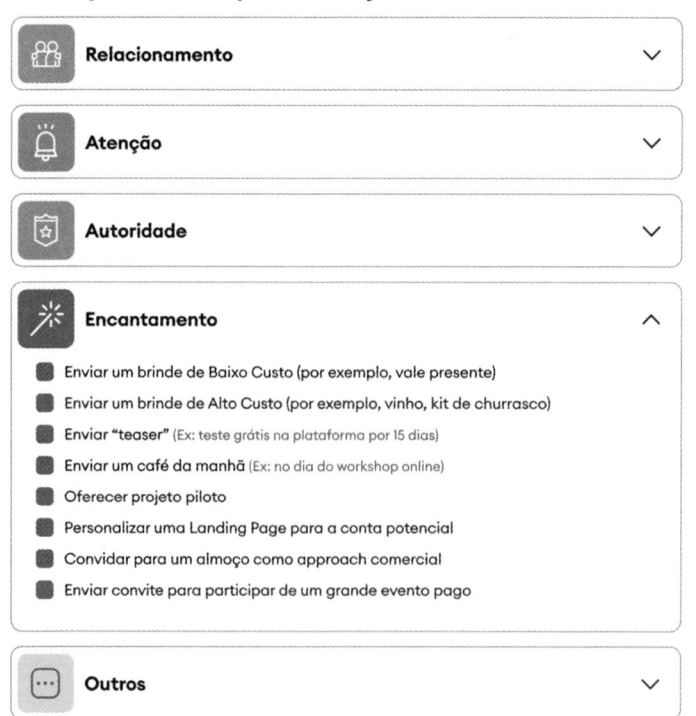

Que tipo de touchpoint deseja criar?

- **Relacionamento**
- **Atenção**
- **Autoridade**
  - ☐ E-mail de despedida (última tentativa de contato)
  - ☐ E-mail do C-level para decisor
  - ☐ E-mail do especialista do projeto
- **Encantamento**
- **Outros**

Que tipo de touchpoint deseja criar?

- **Relacionamento**
- **Atenção**
- **Autoridade**
- **Encantamento**
  - ☐ Enviar um brinde de Baixo Custo (por exemplo, vale presente)
  - ☐ Enviar um brinde de Alto Custo (por exemplo, vinho, kit de churrasco)
  - ☐ Enviar "teaser" (Ex: teste grátis na plataforma por 15 dias)
  - ☐ Enviar um café da manhã (Ex: no dia do workshop online)
  - ☐ Oferecer projeto piloto
  - ☐ Personalizar uma Landing Page para a conta potencial
  - ☐ Convidar para um almoço como approach comercial
  - ☐ Enviar convite para participar de um grande evento pago
- **Outros**

Que tipo de touchpoint deseja criar?

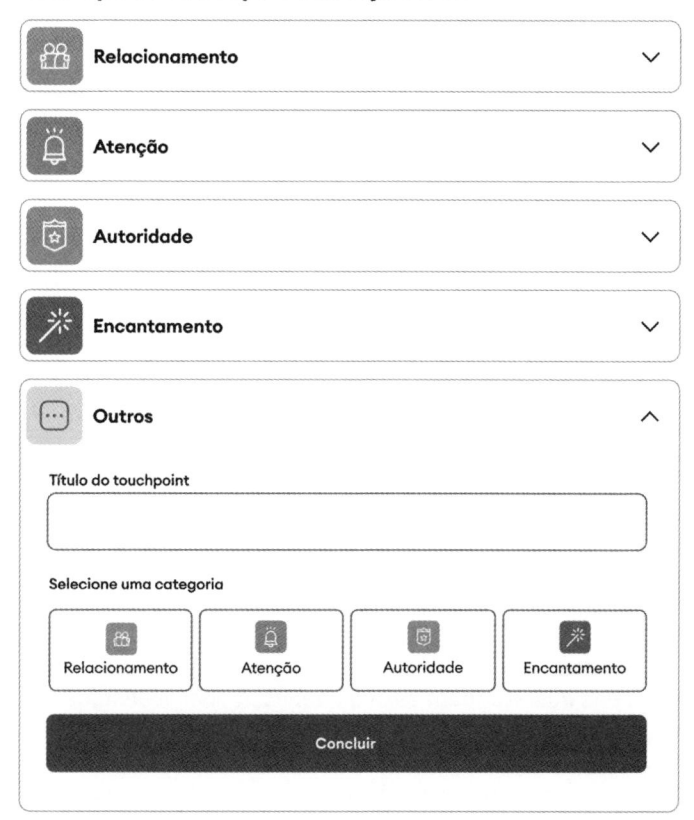

- Relacionamento
- Atenção
- Autoridade
- Encantamento
- Outros

Título do touchpoint

Selecione uma categoria

- Relacionamento
- Atenção
- Autoridade
- Encantamento

Concluir

Se você não encontrar os touchpoints necessários, pode criar seus próprios, como enviar um convite para um podcast, convidar um especialista do projeto para uma reunião, criar anúncios direcionados para a conta-alvo, apresentar resultados em um estudo de caso personalizado, realizar um workshop exclusivo e, é claro, encantar o cliente para lhe proporcionar uma experiência memorável.

5. PERSONALIZAÇÃO É A CHAVE

O tema do meu terceiro livro não poderia ficar de fora, isso porque a personalização e o Account-Based Marketing podem ser vistos como duas faces da mesma moeda. A personalização envolve adaptar o conteúdo e a mensagem de uma empresa para atender às necessidades e aos desejos individuais de um cliente ou grupo de clientes. Isso é feito por meio da coleta e análise de dados sobre o cliente, o que permite criar campanhas de marketing direcionadas e personalizadas. Por sua vez, o ABM é uma abordagem de marketing que se concentra em identificar e atender às necessidades de clientes potenciais altamente valiosos para a empresa. Em vez de adotar uma abordagem genérica e massiva, o ABM é altamente personalizado e direcionado, visando maximizar o retorno sobre o investimento em marketing.

Ambas as abordagens têm como objetivo criar conexões mais profundas e significativas com os clientes, oferecendo conteúdo e mensagens personalizadas que atendam às suas necessidades e desejos. Isso pode levar a taxas de conversão mais altas, retenção de clientes mais forte e aumento no valor do cliente ao longo do tempo. Para implementar a personalização em uma estratégia de ABM, é necessário ter dados precisos e atualizados sobre os clientes, além de uma compreensão profunda de suas necessidades, desejos e comportamentos. Isso pode ser obtido por meio de pesquisas de mercado, análises de dados e interações diretas com os clientes.

Além disso, é importante contar com uma tecnologia de marketing avançada que permita a segmentação precisa dos clientes e a entrega de conteúdo e mensagens personalizadas em tempo real. Isso pode incluir o uso de ferramentas de automação de marketing, análise de dados em tempo real, plataformas de gerenciamento de conteúdo personalizado e software de orquestração de ABM, como o maestro mencionado.

Dois motivos de compra:
- Alívio de dor
- Experiência/Prazer

@fspina

No ABM, a personalização é essencial para adaptar as campanhas de marketing e vendas aos interesses e às necessidades dos clientes potenciais específicos. Isso envolve a criação de conteúdo personalizado, mensagens direcionadas e adaptação da abordagem de vendas para atender aos interesses e necessidades dos clientes. Em resumo, a personalização e o ABM são estratégias complementares que visam criar conexões mais profundas com os clientes. A personalização é fundamental para o sucesso do ABM, permitindo que as empresas se destaquem em um mercado competitivo e criem relacionamentos duradouros com os clientes.

Para saber mais sobre como a personalização é a chave do ABM, basta apontar a câmera do seu celular para o QR Code ao lado.

5.1 O que evitar

Já mencionei como a personalização é crucial para o ABM. Agora, vamos abordar como produzir conteúdo personalizado para contas específicas. Ao fazer isso, estamos focando totalmente a conta da empresa-alvo que selecionamos, porque estamos trabalhando com ABM, que tem como objetivo principal a conta em questão. Para enfatizar a eficácia da personalização, vamos apresentar exemplos de como criamos conteúdo de alta qualidade. No entanto, antes disso, vou falar um pouco do que não deu certo. Vou compartilhar com vocês alguns exemplos.

Você provavelmente já está cansado de receber mensagens genéricas do tipo: "Oi, tudo bem? Eu tenho um software que vai ajudar sua empresa. Vamos marcar uma reunião". Esse tipo de abordagem não funciona bem, certo? Outro exemplo similar: "Oi, gostaria de compartilhar este e-book sobre como vender para outras grandes empresas. Baixe agora e vamos marcar uma apresentação comercial". Essa abordagem é genérica e não filtrou os cargos que poderiam ter interesse em consumir esse conteúdo.

O fato é que o engajamento é muito baixo nesses casos, porque a proposta de valor ainda não foi entregue. Outro exemplo é: "Oi, pessoal, notei que vocês atuam no mercado B2B e hoje temos uma solução que pode otimizar o seu processo de vendas, diminuindo o custo da equipe e dos processos. Dessa forma, aumentamos a efetividade". Não recomendamos esse tipo de comunicação, pois não é estratégico nem profundo o suficiente. Parece vago, superficial, sem dados, autoridade ou entendimento do segmento. Não trouxe um exemplo claro de como essa ação pode ajudar.

Portanto, não recomendo abordar as pessoas assim de imediato e sem muita estratégia definida.

Prefira uma abordagem como esta: "Oi, eu sou Sandra, da Maestro, uma empresa de software que nasceu com o propósito de ajudar. Podemos agendar uma conversa?". Mesmo que a apresentação seja relevante, primeiro é necessário construir uma interação para despertar o interesse. No caso do ABM, a velocidade não é determinada pelo volume de ações, e sim pela personalização efetiva dessas ações.

Claro, você pode fazer tudo que eu não recomendo, mas isso dependerá do tipo de resultado que você deseja. Você quer focar o volume ou personalizar por conta? Eu acredito que a personalização seja a parte principal da nossa estratégia, pois ao trabalharmos com contas específicas, otimizamos melhor nossos recursos.

5.2 Como personalizar o conteúdo

O conteúdo de alto valor é comumente discutido no contexto do inbound marketing, mas ele também desempenha um papel fundamental no ABM. Porém, enquanto o foco do inbound marketing está em atrair clientes em potencial para sua empresa ao longo do tempo, o ABM se concentra em usar conteúdo para nutrir leads pré-segmentados e abordar suas maiores preocupações durante o processo de vendas.

Criar um conteúdo eficaz para suas campanhas ABM é fornecer o conteúdo certo, para o cliente em potencial certo, no momento certo.

O conteúdo eficaz no Account-Based Marketing é aquele que é personalizado e relevante para impactar todas as partes interessadas de sua conta-alvo.

Você será responsável por criar conteúdo para uma empresa-alvo, levando em consideração o dossiê que já deve estar pronto nesta etapa. Cada empresa terá o próprio dossiê, que orientará toda a estratégia de conteúdo. Seu trabalho consistirá em estudar a empresa, realizar levantamentos de relatórios públicos e conduzir uma análise aprofundada.

Ao analisar o dossiê, você também identifica as pessoas-chave na empresa. Cada pessoa terá um perfil individual, e você deverá criar mensagens personalizadas para cada uma delas. Portanto, você se concentrará em abordar as dores específicas de cada pessoa. No primeiro caso, deverá deixar claro qual é a dor que está sendo resolvida. É possível que haja mais de uma pessoa envolvida. Todas essas informações serão usadas para criar conteúdo relevante e específico para cada indivíduo. É importante ressaltar que você não deve enviar a mesma mensagem para todas as pessoas. Cada uma receberá uma abordagem personalizada de acordo com suas necessidades e objetivos específicos.

Você irá personalizar as ações e o conteúdo de acordo com as necessidades e características de cada pessoa, seguindo o plano definido no dossiê da empresa.

Antes de começar a desenvolver o conteúdo, é fundamental saber para quem o conteúdo se destina. Afinal, será preciso conquistar várias pessoas.

Quando se trata da natureza do próprio conteúdo, independentemente de quem vai recebê-lo, você deve pensar em três categorias separadas. Essas categorias estão relacionadas às etapas em que as pessoas se encontram.

5.2.1 Conteúdo de conscientização

Quando está falando com pessoas que estão apenas começando a entender que têm um problema para resolver, você vai querer aproveitar o conteúdo de conscientização. Nesta etapa do processo de avaliação deles, esses indivíduos estão no topo do funil, o que significa que estão procurando informações que os ajudem a se educar sobre o problema em si e a começar a entender como abordar a questão. Este conteúdo não é sobre você; é sobre o problema que seu produto ou serviço ajuda a resolver. Não há garantia de que, após consumir esse conteúdo, seus prospects buscarão você para resolver seus desafios. Mas, ao demonstrar sua liderança e experiência no assunto, você pode ajudá-los a descer o funil e entrar na etapa de consideração.

5.2.2 Conteúdo de consideração

Se você souber que um prospect determinou que tem um problema definido e está procurando ativamente por uma solução, eles avançaram no funil e estão prontos para o conteúdo de consideração. Nesta fase, eles podem não estar procurando exatamente o tipo de solução que você oferece, mas certamente estão abertos a considerar opções. Para prospects neste nível, você vai querer gerar conteúdo que os ajude a ver por que sua solução é um ótimo recurso para resolver seus problemas. E pode ser um bom momento para ajudar as pessoas a ver se você não é uma boa opção para atender às suas necessidades.

5.2.3 Conteúdo de decisão

Uma vez que seus prospects estão prontos para efetivamente fazer uma compra, eles estão no fundo do funil e prontos para o "conteúdo de decisão". Nesta fase, eles estão prontos para comprar. Mas podem não estar prontos para comprar de você. Aqui, você está desenvolvendo conteúdo que garante que seu produto ou serviço seja aquele que eles escolhem.

Para saber como acertar a comunicação para cada cargo e função da empresa, basta apontar a câmera do seu celular para o QR Code ao lado.

5.3 Tipos de conteúdo

Depois de saber em qual estágio suas personas estão, você vai querer selecionar os tipos de conteúdo que melhor se adequam a esse estágio. É claro que o que você coloca nesse conteúdo pode variar dependendo do que seu negócio oferece. Mas o que é ótimo no ABM é que o formato do conteúdo é universal. Não importa o que seu negócio faça, é provável que vários tipos de conteúdo listados abaixo funcionem para você.

5.3.1 Blog post

→ **Ideal para:** conscientização.

As tradicionais postagens em blog são geralmente usadas para despertar interesse nos prospects. Por sua natureza curta, elas quase nunca abordam um assunto em grande profundidade. Como resultado, muitas vezes são usadas para manter os prospects informados sobre tendências gerais do setor, anunciar eventos ou compartilhar informações sobre novos produtos ou recursos que possam ser interessantes.

5.3.2 Infográfico

→ **Ideal para:** conscientização.

Ricos em imagens e com pouco texto, os infográficos são maneiras divertidas de envolver os clientes em potencial com dados e estatísticas interessantes. Um infográfico nunca terá informações suficientes para educar alguém sobre uma categoria ou produto específico, o que os torna interessantes para manter um produto ou serviço em mente.

5.3.3 Correspondência física

→ **Ideal para:** conscientização.

Muitas pessoas podem dizer que o correio tradicional, também conhecido como mala direta, está morto. Na verdade, é justamente porque as empresas se tornaram tão dependentes de conteúdo digital que compartilhar algo offline com um prospect pode chamar sua atenção. Pode ser algo tão simples como um cartão-postal ou até mesmo um white paper que você já tenha criado e impresso. O objetivo com a correspondência direta é ser visto e aumentar o conhecimento sobre sua categoria e produto.

5.3.4 PDF/white paper

→ **Ideal para:** conscientização e consideração.

Geralmente com mais de 2 mil palavras, os white papers são um ótimo formato para apresentar prospects a um desafio empresarial geral, bem como abordagens de alto nível para resolver esses desafios. Por serem longos, eles podem ser usados para educação ampla. Além disso, por serem de natureza mais abrangente, são ótimos recursos quando usuários finais em potencial estão avaliando sua solução e precisam de material para compartilhar com pessoas menos familiarizadas com o tópico.

5.3.4 Vídeos

→ **Ideal para:** conscientização e consideração.

Os vídeos são uma forma altamente envolvente de conteúdo para educação que combina elementos visuais, áudio e storytelling. Eles têm a capacidade de transmitir informações de forma clara e criar conexão emocional. Ao personalizar vídeos para prospects específicos, você pode criar uma conexão mais profunda, memorável e principalmente humanizada, se seu time puder gravar e participar de um vídeo direcionado para aquela conta em foco.

5.3.5 One sheet/flyer informativo

→ **Ideal para:** consideração.

Geralmente é um papel de uma ou duas faces com descrições gerais de um produto, seus recursos e benefícios mais valiosos e, muitas vezes, informações sobre qualquer hardware ou software necessário para usar o produto. É um documento de visão geral do produto, ideal para prospects quando estão prontos para começar a explorar seu produto em mais detalhes.

5.3.6 Estudos de caso

→ **Ideal para:** consideração e decisão.

Os estudos de caso comprovam que seu produto ou serviço pode ser usado de maneira específica e oferece benefícios tangíveis, compartilhando exemplos reais do uso do produto com clientes finais. Eles são ótimas maneiras de mostrar a alguém que está avaliando sua indústria em geral, bem como seu próprio produto, que ele funciona e terá um retorno positivo sobre o investimento.

5.3.7 Documentação do produto

→ **Ideal para:** decisão.

A documentação do produto oferece os detalhes sobre como configurar e usar um produto ao máximo. Este tipo de conteúdo ajuda os usuários a decidirem se um produto é algo que eles e sua organização podem usar razoavelmente, sendo mais pertinente uma vez que uma conversa de vendas tenha começado.

5.3.8 Testes e demonstrações

→ **Ideal para:** decisão.

Oferecer testes e demonstrações gratuitas é uma maneira comprovada de permitir que os prospects vejam seu produto em ação, com você ou eles no controle. Dar aos prospects a oportunidade de ver o funcionamento de um produto em sua organização ou ambiente é a melhor maneira de deixá-los experimentar e tomar uma decisão sobre sua eficácia para eles.

Não vamos esquecer que o ABM não é uma estratégia pontual. Muito pelo contrário! Pode levar vários meses até você ver alguns resultados. Por isso, é importante desenvolver um fluxo de trabalho para criar e distribuir seu conteúdo desde o início. Uma coisa a ter em mente é que você nunca sabe qual vai ser o impacto causado em seus diferentes contatos mapeados. Portanto, certifique-se de incluir diferentes tipos de conteúdo. Algumas pessoas podem gostar de white papers enviados pelo correio, enquanto outros preferem blog posts semanais. Ter uma variedade de tipos de conteúdo garante que você possa alcançar todos eles. Teste muito!

Para mais ideias de conteúdo, basta apontar a câmera do seu celular para o QR Code ao lado.

6. PARA COLOCAR O ABM EM PRÁTICA

Até aqui, já exploramos os conceitos fundamentais do Account-Based Marketing. Agora, daremos um passo além e mergulharemos na prática do ABM. Enquanto a teoria nos fornece o conhecimento básico e os princípios orientadores, é nas dicas práticas que encontramos os insights e a orientação necessária para aplicar esses conceitos no mundo real.

Acredito muito que as dicas práticas oferecem uma abordagem acionável, baseada em experiências reais, que ajudam a superar os desafios e maximizar as oportunidades no caminho para o sucesso do ABM.

> ***ABM na Prática*** é o nome do podcast no qual eu converso com referências da área sobre o assunto.
>
> Para acessar todos os episódios basta apontar a câmera do seu celular para o QR Code ao lado.

6.1 Ferramentas

Felizmente, as equipes comerciais podem contar com diversas ferramentas que auxiliam no dia a dia do ABM. São diferentes tecnologias que permitem automatizar tarefas repetitivas, coletar dados, aproximar-se dos clientes e reduzir o tempo necessário para fechar o negócio. Sei que são muitos os softwares disponíveis no mercado, por isso gostaria de lembrar que no Brasil temos a B2B Stack, uma ferramenta de avaliação que é como o TripAdvisor de software. Nela você pode ver o feedback dos clientes sobre as ferramentas.

De qualquer forma, a seguir vou listar alguns tipos de ferramentas divididas por categoria. O intuito não é vender nenhuma ferramenta, mas preciso falar do que está disponível em nosso mercado, até o momento, para te ajudar.

6.1.1 Orquestração

As plataformas de orquestração de ABM fornecem um local centralizado para todas as campanhas de ABM e sua gestão, incluindo a incorporação de dados e insights de ferramentas de ABM. Uma função essencial das plataformas de orquestração de ABM é ajudá-lo a acompanhar a jornada de compra em tempo real.

O Maestro ABM é um software SaaS projetado para simplificar as vendas complexas de empresas B2B. É a única ferramenta brasileira desse tipo e oferece:

→ **Alinhamento entre marketing e vendas:** o Maestro ajuda a criar uma sinergia efetiva entre os departamentos de marketing e vendas.

→ **Personalização de interações:** é possível criar interações personalizadas com empresas e contatos específicos que você deseja alcançar.

→ **Templates de estratégias testadas:** a plataforma fornece acesso a templates de estratégias já testadas e validadas, o que pode reduzir o ciclo de vendas.

→ **Acompanhamento em tempo real:** o Maestro oferece um painel de controle em tempo real para monitorar os resultados das ações.

→ **Integração com outras ferramentas:** é possível integrar o Maestro com as ferramentas de vendas que você já utiliza, complementando sua estratégia.

Em resumo, o Maestro ABM é uma solução poderosa para empresas B2B que desejam adotar a metodologia de Account-Based Marketing, proporcionando uma abordagem personalizada, maior alinhamento entre marketing e vendas, e a capacidade de acompanhar e otimizar os resultados de forma eficiente.

6.1.2 CRM

Um CRM (Customer Relationship Management), como o nome sugere, permite fazer a gestão do relacionamento com os consumidores. No software, a empresa pode armazenar os dados de clientes e potenciais clientes, desde informações demográficas até o histórico de compra e de consumo de conteúdos. Com base nisso, os vendedores podem personalizar interações, as lideranças de vendas conseguem analisar a performance das equipes, entre muitas outras possibilidades.

Como o CRM é uma das ferramentas mais usadas pelos times comerciais, também existem muitas opções à disposição no mercado. A maior parte delas funciona na nuvem, com pagamento por assinatura e planos que variam de acordo com o número de usuários e de contatos. Há, inclusive, alternativas gratuitas.

É importante escolher o CRM com cuidado, pois, para facilitar o trabalho da equipe comercial, ele deve ser integrado com outras ferramentas. Também deve dar suporte ao crescimento da empresa, oferecendo a possibilidade de contratar planos mais robustos quando necessário.

6.1.3 Inteligência de vendas

Inteligência de vendas se refere a diversas tecnologias que ajudam vendedores a encontrar e monitorar dados sobre potenciais clientes. Histórico de compra, objetivos de negócio e outras pegadas digitais são informações que é possível acessar. Com isso, os profissionais conseguem estudar o perfil de cada prospect e direcionar o discurso conforme os dados.

À medida que surgem legislações como a LGPD, isso se torna cada vez mais desafiador. Ainda assim, é possível encontrar no mercado ferramentas de inteligência de vendas que fornecem informações valiosas atuando em conformidade com as leis vigentes.

6.1.4 Análise de vendas

Os softwares de análise de vendas, ou sales analytics, servem para ajudar vendedores e gestores a acompanharem os resultados de maneira efetiva, além de prever tendências e obter insights relevantes. A partir desses dados, é possível saber quais vendedores, ofertas e campanhas estão trazendo o retorno esperado e o que é preciso melhorar.

Além de analisar a performance das equipes, as ferramentas desta categoria fazem análises preditivas para estimar resultados futuros.

6.1.5 Produtividade

No dia a dia da área comercial, os vendedores podem perder o foco, investindo tempo em atividades que não contribuem para o alcance das metas. Para auxiliá-los a focar o que interessa, há diversas ferramentas de produtividade em vendas. A categoria é um guarda-chuva que inclui plataformas que ajudam os vendedores em suas atividades diárias e permitem fechar mais vendas.

Elas possibilitam fazer chamadas, agendar reuniões, escrever propostas, criar relatórios, automatizar tarefas repetitivas e muito mais.

6.1.6 Assinatura digital

As ferramentas de assinatura digital são valiosas no dia a dia de vendas, possibilitando coletar assinaturas em documentos como contratos e propostas com segurança.

Esse tipo de plataforma ajuda a reduzir tarefas administrativas além de diminuir o uso do papel. Além disso, pode incluir prazos de assinatura, templates de contrato, integrações com outras ferramentas.

6.1.7 Automação de marketing

As ferramentas de automação de marketing ajudam na atração e qualificação de contatos que serão repassados para vendas. Por meio delas é possível simplificar e otimizar estratégias de marketing, automatizando tarefas como o envio de e-mails, a geração de leads e as publicações nas redes sociais. É possível construir uma base de contatos rica a partir de conversões, por exemplo quando um contato deixa suas informações em troca de um material como um e-book.

Independentemente dos seus objetivos de marketing e da estratégia que desenvolveu para alcançá-los, você sempre pode obter melhores resultados se tiver as ferramentas certas. Muitos softwares são projetados para ajudar os profissionais de marketing a construir campanhas de ABM melhores, mas você precisa escolhê-los cuidadosamente para garantir que eles estejam apoiando diretamente seus esforços.

> Se quiser se aprofundar no assunto, acesse minha página de ferramentas. Lá está absolutamente tudo que conheço sobre ferramentas de marketing digital.
>
> Basta apontar a câmera do seu celular para o QR Code ao lado.

6.2 Mensuração

Em algum momento você vai se perguntar: "Quanto estou progredindo na minha orquestração?". Vou compartilhar alguns exemplos de como podemos obter essa resposta. Para mim, este é o tópico mais importante. Na verdade, eu começaria por aí. Então, ao olhar para a estratégia, agora que conseguiu vender o ABM internamente, o que você deve medir? Vou lhe mostrar a como analisar e quais são as métricas de ABM.

Peter Drucker, considerado o pai do marketing e um dos profissionais mais famosos do mundo, dizia que o que não pode ser medido não pode ser melhorado. Conheço essa frase e é por isso que eu digo que você deve começar as coisas de maneira eficiente. Mas o que significa "começar de forma eficiente"? O primeiro passo é olhar para o funil de prospects em potencial. Falamos do primeiro passo do ABM, que é saber para quem você vai vender, qual é o tamanho do seu mercado, qual é o seu ICP, quem são os prospects em potencial com os quais você pode trabalhar.

Com quantas contas você está trabalhando? Essas contas serão a base para acompanhar a evolução dentro delas. Por exemplo, quais contas estão mais engajadas? Engajamento não significa apenas que uma pessoa curtiu seu post no Instagram ou no LinkedIn. Engajamento significa que a conta está participando dos pontos de contato que apresentamos e está respondendo às suas iniciativas de ABM. Portanto, ao analisar o engajamento, mostraremos a evolução nos pontos de contato até se tornar uma oportunidade. A partir daí, você poderá acompanhar os estágios de proposta, avaliação, negociação e fechamento.

Assim como no inbound, em que temos o marketing qualify lead, no ABM temos o marketing qualify account (MQA). Uma conta qualificada para o mercado torna-se uma oportunidade. Se ela se encaixa no seu ICP, no perfil ideal de cliente, você pode analisar se ela está demonstrando interesse em se adequar à sua solução. Por exemplo, se você tem um software de Account-Based Marketing, está vendo que as pessoas que você está prospectando nessas contas estão respondendo às suas ações, isso mostra que elas estão progredindo. Por meio dessas ações, pode entender se a conta se torna uma MQA ou não, dentro do estágio em que se encontra.

E quais são as métricas que você precisa trabalhar? São as métricas de evolução dentro dessas contas. No Maestro, temos a pontuação de ABM (ABM Score), que permite um acompanhamento mais preciso.

Quantos pontos de contato? Hoje, em média, são necessários 22 pontos de contato para marcar a primeira reunião no Maestro. Portanto, são vários pontos de contato a serem considerados, como uma mensagem no LinkedIn, curtida em um post, uma ligação, um e-mail, e assim por diante.

Quantas pessoas estão envolvidas? Essas pessoas podem ser influenciadores ou tomadores de decisão. Quanto mais pessoas participarem, melhor será. Porque, em média, para fechar uma conta, é necessário ter pelo menos nove conversas. Nove pessoas envolvidas. Portanto, é importante trabalhar com um número maior de pessoas em sua lista. E dentre elas, quem são os tomadores de decisão? Como estão sendo financiados? Como as mensagens estão sendo absorvidas? Em seguida, qual é o melhor ponto de contato?

Ao identificar o melhor ponto de contato, você pode replicar o que funcionou, assim como identificar o que não funcionou e analisar o motivo. Por que esse ponto de contato não funcionou? Como posso melhorá-lo dentro dessas ações? Ter essa visão permite que você comece sua estratégia de ABM e se pergunte: "Quantas contas devo selecionar para criar jogadas? Quantos pontos de contato devo ter para cada conta? Quem são as pessoas envolvidas?". Isso o ajudará a desenvolver uma estratégia de ABM de sucesso e alcançar uma alta taxa de aproveitamento nas contas que você selecionou como potenciais. Assim, você acompanhará a evolução das contas engajadas, das oportunidades e, finalmente, do fechamento.

Importante: confiar exclusivamente em métricas de estágio avançado pode ser problemático, principalmente porque o ABM é usado por empresas que possuem ciclos de vendas longos e complexos. Isso significa que os KPIs de estágio avançado não serão mensurados nas primeiras semanas ou até mesmo meses de campanha, o que pode passar a sensação que a estratégia não está funcionando. E isso não é verdade.

Não é verdade, também, que existe uma métrica específica que funciona para qualquer estratégia de ABM. Tudo vai depender da conta em questão, do modelo de negócios da empresa e dos objetivos da estratégia. O que você precisa ter em mente é que a sua estratégia de ABM deve refletir o lugar que a conta está na jornada de compra e o quanto essa conta conhece sua empresa ou manifestou interesse na sua solução.

Na prática, isso significa que você pode utilizar KPIs diferentes para contas diferentes, ou mesmo para setores de compras diferentes dentro de uma mesma conta (mesmo que esses indivíduos façam parte da mesma estratégia macro de ABM). Usar diversos KPIs em diferentes estágios da jornada de compra é inclusive recomendado para manter um pipeline de vendas sustentável. Dito isso, a seguir vou falar sobre alguns dos KPIs mais comuns utilizados para medir o sucesso do ABM.

6.2.1 Alcance

O alcance indica o volume de contas segmentadas que foram impactadas pela sua campanha. Para mensurá-lo, você terá que definir as métricas por canal (por exemplo: impressões de anúncios, aberturas de e-mail, visualizações de vídeo). Porém tenha em mente que o alcance só é relevante quando você alcança as contas certas. Então, o trabalho de segmentação tem que ser muito bem feito para que esse KPI seja significativo. E essa é uma via de mão dupla, pois, conforme você melhora o seu alcance, consegue melhorar também a segmentação e eficácia das campanhas. Lembre-se sempre de que o objetivo do ABM é qualidade, e não quantidade.

6.2.3 Engajamento

Depois de ter a campanha certa atingindo as pessoas certas, você precisa verificar como está o engajamento das pessoas com essa campanha. Para isso, você pode medir indicadores como: CTR (taxa de cliques), CPM (custo por mil impressões), CPC (custo por clique). Mas também é interessante analisar indicadores qualitativos, como comentários nas publicações e compartilhamentos. A princípio o engajamento com anúncios pode parecer uma métrica de vaidade, mas ele vai além disso. Um baixo engajamento tende a gerar conversões baixas, então ao analisar esse KPI a pergunta que você deve se fazer é: minhas campanhas são interessantes o suficiente para atingir as metas de longo prazo da empresa? Caso a resposta seja negativa, é preciso encontrar novas estratégias de campanha.

6.2.4 MQAs (Marketing Qualified Account)

Os MQAs (contas qualificadas pelo marketing) são o número de contas engajadas priorizadas pelo time de vendas. Ou seja, são contas com uma boa probabilidade de fechamento. Uma boa estratégia de ABM deve gerar um volume considerável de MQAs para alimentar o funil do time comercial.

6.2.5 Funil de vendas

O funil de vendas, também chamado de pipeline (ou *pipe*, pelos mais íntimos), é o valor monetário dos negócios em aberto. Ele é medido por meio de novas oportunidades de vendas registradas no funil (por isso, você deve se atentar a quais contas foram impactadas pela estratégia de ABM). Estse KPI é relevante pois possibilita mensurar o sucesso da estratégia em termos de receita.

6.2.6 ROI

Quanto maior o ROI (retorno sobre investimento), maior será o sucesso da estratégia de ABM. Mas esse ROI deve ser mensurado nos mais diversos canais em que a estratégia é aplicada para chegar a um balanço preciso. É recomendado que se faça uma análise de corte para cada um dos seus canais de ABM. Essa análise é uma técnica de medição que categoriza seus dados em grupos com características comuns antes da análise. Assim, você tem uma visão em múltiplos canais e pode comparar o desempenho de contas ABM com contas não ABM.

6.2.7 Tráfego

É verdade que nem todas as campanhas têm como objetivo enviar tráfego para seu site, mas este indicador ainda é importante para avaliar a eficácia de seus anúncios em fazer o direcionamento adequado para o seu endereço na internet.

Por meio da mensuração de tráfego, você pode entender pontos como:

- → Quais campanhas e canais trazem o maior número de pessoas para o site?
- → Qual o comportamento dessas pessoas quando chegam ao site?
- → Esses visitantes são novos usuários ou usuários recorrentes?

6.2.8 Scroll

Se um visitante chega ao seu site, mas sai imediatamente, a visita não tem grande valor. Por isso você precisa analisar métricas que mostrem o engajamento dessas pessoas com a sua mensagem e o seu conteúdo, como a profundidade de scroll. Principalmente em uma estratégia de ABM, o ideal é conquistar conversões que levam as pessoas a permanecer na página (em outras palavras, tráfego qualificado). Observar a profundidade de rolagem é importante para analisar qual a porcentagem da sua mensagem que as pessoas estão consumindo, e assim encontrar meios de garantir que a mensagem seja vista de forma completa.

6.2.9 Demos agendadas

Este KPI vale para quem vende SaaS (softwares como serviço) pois indica quem são os leads com alta intenção de compra. Mas se você vende outro tipo de produto, pode medir os pedidos de agendamento de reunião ou solicitações de contato, por exemplo. O ponto crucial aqui é garantir que os interessados façam parte do seu perfil de cliente ideal.

6.2.10 Taxa de fechamento de vendas

A taxa de fechamento de vendas (também conhecida como *closing ratio*) mostra a eficiência da equipe comercial em transformar os MQLs em vendas. Este KPI é extremamente importante em uma estratégia de ABM, pois também revela a capacidade do time de marketing e vendas trabalharem em conjunto, um enviando as oportunidades certas e o outro convertendo essas oportunidades em fechamento.

6.2.11 Ciclo de vendas (duração)

Quando o marketing funciona bem, a geração de negócios é fluida. Por isso, analisar a duração do ciclo de vendas é importante. Se a estratégia de ABM for eficiente, as contas devem chegar mais preparadas, com muitas objeções já quebradas, e as reuniões com o time comercial serão mais ágeis. Para acompanhar isso, avalie as interações com os leads em seu CRM. A longo prazo, essa dinâmica está se retardando ou acelerando? Essa é a pergunta a ser respondida.

6.2.12 Ticket médio

Um dos objetivos mais comuns em estratégias de ABM é conquistar contas com alto potencial de aumentar o ticket médio. Portanto, se você está gerando mais oportunidades para o comercial, mas o ticket médio continua muito abaixo do esperado, você pode não estar gerando as oportunidades certas. Assim, toda a estratégia precisa ser revista. O ideal é analisar o ticket médio a cada trimestre, semestre e ano.

6.2.13 Taxa de churn

Nada mais é que a proporção de clientes que solicitaram cancelamento do contrato durante um período determinado. Dados de intenção e inteligência competitiva ajudam a identificar empresas em risco de churn quando se aproximam dos ciclos de renovação. Muitos profissionais de marketing B2B e equipes de serviços ao cliente lutam para restabelecer uma conexão com contas que já decidiram seguir por outra direção. A intervenção precoce não necessariamente ajuda a ganhar todas as renovações, mas pode facilitar a conversa com os clientes antes da troca.

Da mesma forma, reduzir o churn pode não ser um foco de todas as equipes de vendas, mas a obtenção de sinais de intenção competitiva pode ajudá-lo a encontrar compradores que correspondam ao seu perfil ideal de cliente e que possam encontrar valor a longo prazo em sua solução. Isso também pode ser usado para armar suas equipes de vendas com argumentos para cenários competitivos, se você souber que os prospects ou clientes estão geralmente pesquisando determinados concorrentes.

6.2.14 Custo de aquisição de clientes (CAC)

O custo total para conquistar um novo cliente durante um período de tempo específico. Uma das maiores dificuldades dos profissionais de marketing B2B é medir o ROI de campanhas de ABM para justificar o custo de aquisição de clientes. O CAC é uma métrica vital de ABM, pois você executa campanhas altamente segmentadas que levam a menos gastos com leads de baixa qualidade. Com o mesmo gasto em marketing, suas campanhas geram leads melhores e, portanto, mais receita.

6.2.15 Customer lifetime value

O montante total que um cliente gasta com sua empresa durante o tempo de relacionamento. Prever mudanças no valor vitalício do cliente (CLV) pode ser desafiador, especialmente quando você está introduzindo uma nova categoria de software ou acabou de lançar o ABM para aquisição. Ao direcionar suas campanhas de ABM para os clientes que são os melhores para seus produtos, eles permanecerão com você por mais tempo e gastarão mais ano a ano. Existem algumas fórmulas para calcular o CLV, dependendo se você deseja retirar os custos adquisição do cliente, e pode diferir por setor ou segmento. Os dados de oportunidade histórica são um ótimo ponto de partida para calcular o CLV.

6.2.16 Taxa de aproveitamento

Muitas pessoas perguntam quantas contas, no total, se tornam clientes ou geram vendas ao final do processo. Um exemplo de um cliente da Maestro: trabalhamos com duas estratégias, a primeira foi o engajamento em sete contas potenciais, das quais cinco ficaram engajadas. Em seguida, direcionamos essas cinco contas para o objetivo de fechar um novo contrato.

Dessas cinco contas, três se tornaram oportunidades de reunião para negociação e uma conta fechou o contrato. Isso resultou em uma taxa de aproveitamento de 14% para essas ações e contas específicas.

Também tive um caso quando trabalhava no Distrito e utilizei a mesma metodologia. Netse caso, trabalhamos com duas estratégias novamente. A primeira foi para um evento de webinar, o VC Summit. O objetivo era obter inscrições para o evento. Mapeamos 13 contas para participarem, mas apenas quatro realmente se engajaram e compareceram ao evento. Após o evento, criamos outra estratégia para agendar reuniões. Enviamos um formulário de NPS e, em seguida, perguntamos se poderíamos enviar um brinde do evento. Depois de todas essas interações, ela nos pediu um workshop sobre inovação dentro da empresa. Então, o CEO da empresa foi envolvido. Ela conectou o CEO com o conselho executivo e, assim, conseguimos realizar um workshop sobre inovação aberta. Após o workshop, as ações foram estreitadas e tivemos uma reunião para discutir uma proposta, que resultou no fechamento do negócio. Portanto, a taxa de aproveitamento foi semelhante à do caso anterior. Fechamos dois negócios com essa abordagem. Isso serve como referência para você trabalhar com essas métricas e desenvolver melhor suas ações em ABM.

> Se quiser saber como mensurar cada ponto de contato, basta apontar a câmera do seu celular para o QR Code ao lado.

6.3 Perguntas e respostas para otimizar e melhorar suas plays

Vamos agora discutir algumas perguntas e respostas para otimizar e melhorar as suas orquestrações de Account-Based Marketing. Para evoluir dentro das contas, é importante saber quantas reuniões foram realizadas. Isso é crucial porque você precisa envolver diferentes áreas, falar com influenciadores, decisores e usuários finais. Portanto, o número de reuniões é uma métrica importante para acompanhar o progresso dentro dessas contas.

Outra informação relevante é o número de interações em plataformas como LinkedIn, e-mail e WhatsApp. A contagem dessas interações também desempenha um papel significativo no avanço das etapas no funil de ABM. No funil de ABM, é útil ter um score ou uma temperatura para avaliar o progresso. Além disso, é importante mapear quantos contatos foram identificados. Embora o número de contatos seja relevante, o que realmente importa é o número daqueles com os quais você conseguiu estabelecer uma comunicação efetiva e que responderam às suas interações.

Portanto, é fundamental saber quantos decisores e influenciadores responderam, incluindo até mesmo os detratores. Cada tipo de pessoa que participa de um touchpoint pode ter um papel específico, como um gatekeeper, a equipe de compras ou a equipe jurídica. É possível até mesmo medir a quantidade de interações com cada função dentro da empresa. Por exemplo, se você planejou 50 touchpoints, quantos deles foram realizados e quantos foram descartados por falta de interação? As métricas dos touchpoints permitem avaliar a qualidade e eficácia das interações.

É importante investigar por que um touchpoint específico não funcionou. Por que a pessoa não interagiu? Por que você não obteve resposta? Nesses casos, é recomendável realizar testes com canais diferentes ou abordagens distintas, envolvendo pessoas diferentes. É interessante identificar os touchpoints com maior retorno positivo e interações mais significativas por parte dos decisores, para poder replicá-los em outras contas. Além disso, é importante analisar os touchpoints que não tiveram sucesso e entender o motivo. Essa análise permite ajustar os canais de comunicação para melhorar a entregabilidade. Se um touchpoint não foi entregue ou não obteve resposta, por que não tentar outra pessoa ou abordagem? Essas perguntas auxiliam na criação de ações mais eficazes dentro da estrutura de ABM.

Cada empresa pode construir suas próprias perguntas personalizadas, que estejam alinhadas com seu modelo de negócio e sejam indicadores de sucesso. É relevante evoluir a participação nos principais fatores que aumentam a entregabilidade, como escolha dos canais de comunicação e envolvimento de mais pessoas. Trazer mais pessoas para o processo pode ajudar a impactar diferentes áreas, influenciadores e decisores. Às vezes, durante a estratégia de ABM, é necessário mapear e incluir novas pessoas que não estavam inicialmente no radar, o que requer o desenvolvimento de ações específicas para elas.

6.4 Como criar um estudo de caso

Sabia que os estudos de caso são uma forma eficaz de divulgar o seu trabalho e uma metodologia amplamente utilizada pela Harvard Business School para aprendizagem? Eu vou apresentar um template que criei, para ajudar você a desenvolver estudos de caso de forma fácil, simples e efetiva, sem complicações.

O estudo de caso é uma abordagem metodológica que facilita a compreensão e descrição de eventos. Essa abordagem surgiu na Harvard Business School na década de 1920 e engloba três principais áreas: o problema a ser resolvido, a solução adotada e os resultados obtidos na análise. Além disso, você pode aprofundar-se na estratégia utilizada e na conclusão do plano tático, que vou apresentar para ajudá-lo a promover seu trabalho e mostrar seus casos de sucesso.

Para acessar o template, basta apontar a câmera do seu celular para o QR Code ao lado.

Basta fazer uma cópia do arquivo e você poderá editá-lo. Para estruturar seu estudo de caso, preencha cada campo. O primeiro campo é o problema: qual foi o desafio que você precisou resolver? Em seguida, descreva a solução adotada para resolver o problema. O que você fez para solucioná-lo? Depois, mencione os resultados e números obtidos.

Você também pode descrever as estratégias utilizadas para solucionar o problema, bem como as ações táticas implementadas. Na conclusão, destaque os principais aprendizados adquiridos e os pontos fortes do seu trabalho. Após preencher todos os campos, você pode fazer o download e exportar um PDF, que poderá ser enviado a potenciais clientes ou disponibilizado para download em seu site, por exemplo. Isso ajudará as pessoas a compreenderem melhor o seu trabalho.

7. ABX

Você provavelmente já ouviu falar do termo ABX, certo? Dentro do ABM, o X representa *Account-Based eXperience*, que engloba não apenas marketing, vendas ou sucesso do cliente, mas a união de todos esses elementos, com foco na experiência. É um dos valores mais importantes a serem alcançados.

Na jornada do ABM, percebemos que enviar mais e-mails ou realizar mais ações não resulta em mais vendas. Não se trata de ser invasivo ou automatizado.

O diferencial está em personalizar e proporcionar uma experiência incrível.

Por isso, decidi encerrar meu quarto livro abordando esse tema. Falarei sobre algumas das melhores experiências que já testei e validei em diversas empresas.

Vou compartilhar alguns pontos-chave sobre como trazer canais diferentes para enriquecer a experiência.

Por exemplo, o time de vendas pode recomendar profissionais no LinkedIn após um contato estratégico, compartilhando percepções e destacando suas habilidades profissionais. Além disso, participar de eventos, reuniões, webinars e workshops pode gerar insights valiosos para um follow-up personalizado. Também é possível realizar benchmarking em áreas similares, agendando um encontro aprofundado com base em um produto oferecido.

Utilizar o Reclame Aqui para levantar informações sobre a empresa prospectada e fornecer soluções relacionadas ao produto é outra estratégia eficaz. Participar de palestras e mesas-redondas com contatos estratégicos, fazer um convite personalizado para workshops exclusivos, enviar cupons personalizados com base nos interesses do cliente e fornecer brindes educacionais relacionados à área de atuação são mais algumas abordagens impactantes.

Outro touchpoint estratégico é gravar um vídeo para reverter uma ação do contato, seja no perfil da empresa ou do próprio contato. Convidar o contato prospectado para uma palestra interna, estender eventos principais por meio de jantares de negócios e enviar gift cards personalizados são excelentes maneiras de criar uma experiência memorável.

A personalização e o foco na experiência são fundamentais para melhorar o relacionamento e impulsionar a estratégia de ABX.

Portanto, é importante concentrar-se em touchpoints personalizados para cada conta e buscar pontos em comum para criar conexões significativas. A melhoria contínua desses touchpoints e a inovação nas ações são essenciais para aprimorar a experiência e alcançar os objetivos, seja a expansão ou aquisição.

Espero que esses exemplos de experiências tenham sido inspiradores. Lembre-se de que a experiência é o elemento principal para aprimorar nossa estratégia e relacionamento, trazendo mais touchpoints e melhorando nosso processo. Com isso, poderemos aperfeiçoar ainda mais nossa estratégia de experiência.

Pensando na experiência, um pouco da história:

O maestro estava se preparando para um grande concerto que aconteceria naquela noite. Ele havia dedicado meses para a preparação, ensaiando com sua orquestra para criar uma experiência musical verdadeiramente excepcional para a plateia. Ele sabia que cada nota, cada acorde e cada pausa eram cruciais para criar a música harmoniosa que ele tinha em mente.

Assim como o maestro, o responsável pelo ABX sabe que cada interação com o cliente é crucial para criar uma experiência de cliente harmoniosa e excepcional. O maestro orquestra cada instrumento para criar uma música harmoniosa, e o responsável pelo ABX orquestra cada ponto de contato para criar uma jornada do cliente personalizada e harmoniosa.

O maestro também sabe que a chave para o sucesso é a compreensão do público-alvo e suas preferências musicais. Da mesma forma, o responsável pelo ABX precisa entender os clientes e suas necessidades, para personalizar a experiência do cliente e garantir sua satisfação.

No concerto, cada músico da orquestra tinha um papel específico a desempenhar e sabia exatamente o que fazer em cada momento da música. O maestro conduziu a orquestra, guiando os músicos e garantindo que a música fluísse suavemente.

Da mesma forma, o responsável pelo ABX precisa garantir que a equipe de vendas entenda seu papel e saiba exatamente como criar uma experiência personalizada para cada cliente. É importante que a equipe de vendas trabalhe em colaboração com outras áreas da empresa, como marketing e atendimento ao cliente, para garantir uma experiência do cliente harmoniosa e consistente em todos os pontos de contato.

E, assim como o maestro mede o sucesso da orquestra pela reação da plateia, o responsável pelo ABX deve medir o sucesso pela satisfação do cliente, taxa de conversão e receita gerada. A medição do sucesso é essencial para aprimorar continuamente a experiência do cliente.

No final do concerto, o maestro agradeceu à orquestra e a plateia aplaudiu de pé. O sucesso do concerto não teria sido possível sem a dedicação do maestro e da orquestra. Da mesma forma, o sucesso do ABX não é possível sem a dedicação do responsável pelo ABX e da equipe de vendas. **Com uma orquestração cuidadosa e uma equipe comprometida, a música e a experiência do cliente podem ser verdadeiramente excepcionais.**

Para saber mais sobre a evolução do ABM para o ABX, basta apontar a câmera do seu celular para o QR Code ao lado.

7.1 Ideias para se aprofundar no ABX

NOME	RESPONSÁVEL	DESCRIÇÃO DA AÇÃO	CANAIS	OBJETIVO
Recomendação LinkedIn	Vendas	Após uma abertura com contato estratégico com aproximação, escolha um tema e recomende o profissional via LinkedIn, compartilhe suas percepções e quais pontos mais chamaram sua atenção em suas skills profissionais. Traga em detalhes onde e como você teve essas percepções (aula, reunião, encontro, webinar)	LinkedIn	Sales
Benchmark áreas similares	Vendas	Realizar um levantamento de áreas de interesse e agendar um bench para aprofundamento da conta com base no produto ofertado	LinkedIn	Pré-play
Levantamento Reclame Aqui	MKT	Realizar um levantamento da empresa que está sendo prospectada na ABM, com objetivo é trazer soluções atreladas ao nosso produto	E-mail	Sales Play

NOME	RESPONSÁVEL	DESCRIÇÃO DA AÇÃO	CANAIS	OBJETIVO
Participar da palestra e/ou participação do contato estratégico	Vendas/ Produto	Participe de palestras e de mesas redondas do contato estratégico. Objetivo: tomar notas do assunto que foi abordado e fazer um follow-up mencionando o conteúdo apresentado por ele	Site/ YouTube	Pré-play
Convite personalizado para workshop exclusivo	MKT	Enviar um convite personalizado para os contatos mais engajados para convidar para um workshop exclusivo da conta	Correio	Sales
Cupom de hobbies	Vendas	Envie um cupom personalizado de acordo com estudo detalhado do cliente em relação aos seus hobbies e gostos. Busque encantá-lo e proporcionar na área de interesse	Site	Sales
Brindes educacional: Livros e cursos	MKT e Vendas	Fornecer brindes educacionais relacionado a área, como: livro de tecnologia na logística	Correio	Sales Play

NOME	RESPONSÁVEL	DESCRIÇÃO DA AÇÃO	CANAIS	OBJETIVO
Vídeo com tela estratégica	Vendas/MKT	Para reter atenção do contato que está recebendo a ação, grave sua mensagem através do loom em uma tela estratégica, como site da empresa ou até mesmo perfil do LinkedIn daquele contato	LinkedIn/ E-mail	Pré-play
Convidar contato prospectado para palestrar internamente	Vendas	Traga o contato para dentro de casa, mapeie os eventos com time de endomarketing e como podemos reaproveitar para buscar reciprocidade e aproximação ao contato	E-mail, LinkedIn	Pré-play
Extensão do evento principal	MKT	Realizar um evento gastronômico como extensão do evento principal do setor, por exemplo: Web Summit Rio > evento de extensão Web Night (jantar de negócios apenas com empresas mapeadas em ABM). Com isso aproveitamos a disponibilidade dos contatos na região do evento. Focar o tema que foi abordado no dia do evento, como "inovação"	Presencial	Pré-play

8. OUTRAS OPINIÕES TAMBÉM IMPORTAM

Eu trabalho com marketing digital há mais de 20 anos e, com ABM em si, há quase 10 anos. Já realizei mais de centenas de palestras, incontáveis aulas e workshops. Acredito que tenho propriedade para falar sobre o assunto, de fato. Mas, também acredito que a experiência de outras pessoas é extremamente relevante para você, leitor ou leitora, tirar suas próprias conclusões ao final deste livro. Por isso, convidei algumas pessoas que cruzaram meu caminho, e o da Maestro ABM, nessa jornada dos últimos anos para darem um depoimento sobre o contato com o ABM e o que isso representa para elas.

> "Insanidade é continuar fazendo sempre a mesma coisa e esperar resultados diferentes"
> — Albert Einstein

Fiz essa reflexão graças ao momento que eu estou passando. Ainda existem empresas que têm muitas dúvidas e objeções sobre ABM, mas será que manter o mesmo processo terá resultados extraordinários?

8.1 De estagiário para analista pleno de ABM

O primeiro depoimento é do Luidy Baggio. Ele era estagiário na Opentech quando implementamos o ABM lá. Ele foi se aproximando aos poucos da metodologia, realizou a certificação, participava das reuniões semanais com o time de CS da Maestro, até que atingiu um patamar que poucos profissionais chegam. Se dedicou muito e se tornou, de fato, um profissional de Account-Based Marketing. Além de subir de posição na empresa que estava, posteriormente também teve a oportunidade de crescer e tocar uma posição específica de ABM em outra empresa.

> "Atualmente, ocupo o cargo de analista pleno de Account-Based Marketing na Lett. Sou responsável pela estratégia da empresa, que busca atrair grandes contas e nomes de destaque no mercado, utilizando uma abordagem complexa que abrange todos os aspectos cruciais de uma negociação comercial. O Spina e o pessoal da Maestro foram grandes mentores para mim ao longo da minha trajetória profissional e durante meus estudos contínuos no Account-Based Marketing. Fui apresentado ao ABM por um gestor em minha antiga empresa, a Opentech. Lá, tive a oportunidade de migrar do marketing tradicional para o ABM, uma estratégia já adotada por grandes empresas do segmento B2B, devido à alta competitividade, demanda e dificuldade em se destacar com palavras-chave e conteúdo em um mercado cada vez mais disputado.

No contexto complexo de uma negociação direcionada do ABM, que envolve várias partes interessadas no processo de decisão, é desafiador entregar os resultados necessários e desenvolver autoridade para todas as partes envolvidas. Foi quando meu gestor, em conjunto com a antiga empresa onde eu atuava como analista de marketing, identificou a importância de adotar o ABM no departamento de marketing em colaboração com o setor comercial. Foi assim que tive meu primeiro contato com a estratégia e comecei a explorar esse universo. Coincidentemente, durante esse período, tive a oportunidade de trabalhar em parceria com a Maestro, a fim de acelerar o desenvolvimento da estratégia dentro da empresa. A Opentech decidiu adotar a solução da Maestro, incluindo a ferramenta para acompanhamento de conteúdo, e eu também fiz a certificação junto com a equipe. Durante a implementação, recebi consultoria semanal recorrente do time de CS, que me ajudou muito no desenvolvimento, fornecendo insights valiosos para minha atuação diária e ajudando-me a aproveitar ao máximo os recursos e canais diferenciados, visando usá-los de forma assertiva e converter o maior número possível de tomadores de decisão.

Considerando toda a minha jornada com o ABM, uma estratégia pela qual sou apaixonado, vejo que ela possui uma grande tendência não apenas no campo do marketing, mas também em todas as negociações B2B de grande porte. Cada vez mais, precisamos entender que a personalização é a chave para o sucesso. Acredito que o ABM tem potencial para ganhar cada vez mais espaço no mercado e, à medida que as empresas perceberem os resultados das primeiras ações testadas, certamente ele se expandirá ainda mais.

A Maestro ABM desempenhou um papel fundamental nesse processo, com o Spina, a Amanda e as pessoas com as quais tive contato direto durante o meu desenvolvimento. Eles me ajudaram a entender como aproveitar melhor a estratégia de acordo com as demandas do dia a dia, o que resultou em crescimento tanto do meu conhecimento quanto da minha carreira profissional.

Atualmente, não estou mais atuando como analista de marketing na Opentech. Assumi a posição de analista pleno de Account-Based Marketing na Lett, uma das empresas do grupo Neogrid. A Lett é atualmente uma das principais empresas de gestão de comércio eletrônico online.

> Sem dúvida, minha experiência com a Maestro contribuiu significativamente para o meu desenvolvimento e crescimento profissional. Ela me permitiu absorver informações sobre o ABM com maior velocidade, algo que ainda não é tão fácil de encontrar, especialmente em conteúdos em português no Brasil.
>
> A Maestro, sem dúvida, é um ponto centralizador de todo esse conhecimento e, cada vez mais, um disseminador dessa estratégia no mercado".

8.2 Defensor do ABM

Pedi um depoimento sincero ao Estevão Soares, que era coordenador de marketing na empresa Soluti, uma das primeiras clientes da Maestro - que, inclusive, virou case mais tarde. Ele foi um grande defensor interno do ABM, e não se arrependeu disso pois colhemos muitos frutos juntos. Ele já havia implementado inbound e outbound anteriormente e, ao levar a inovação de uma nova metodologia - ABM junto à plataforma Maestro, ele também partiu de coordenador para gerente da área.

> "Tive a oportunidade de implementar o ABM na Soluti e vou contar um pouco para vocês como foi esse processo e quais foram os desafios em si.
>
> A história com o ABM na minha carreira começou um pouco antes. Eu já vinha estudando um pouco, até mesmo entendendo a realidade do negócio da empresa, que era de fato B2B, com negócios complexos, com demandas complexas, com ciclo de fechamento de negócio longo.
>
> Dentro desse processo a gente já havia testado várias outras estratégias, várias outras ferramentas, no digital, eventos em si, não que uma exclua a outra, obviamente, mas a gente chegou a um ponto de entender que, para um processo mais estratégico e que gerasse resultado com maior previsibilidade e também com maior assertividade nas ações, a gente precisava evoluir no que a gente vinha executando. O inbound era um caminho, mas a gente entendeu que, para aquele momento, não era o que a gente precisava. Nesse processo, começamos a trabalhar. E eu comecei a estudar a fundo, entender mais sobre a estratégia de ABM em si.

Logo em seguida, nesse processo de pesquisa e de estudo, tive a oportunidade de conhecer o Spina; foi um dos grandes marcos, um dos grandes divisores na tomada de decisão de fato, ao entender que a estratégia de fato fazia sentido, era conivente com o negócio, estava alinhada com propósito da empresa. E com a expectativa de chegar ao melhor resultado.

Então, houve um processo de negociação interna. Porque há essa necessidade de fato de o ABM ser aceito dentro da organização, senão ele não performa e não evolui. Foi um processo de defesa, de organização, de estruturação, de alinhamento entre time comercial, marketing e pré-vendas. O Spina veio nesse momento, e a gente teve a oportunidade de se conhecer, conversar e aprofundar, e ele deu esse suporte também desde o início. Logo em seguida, além desse apoio de mentoria e consultoria por parte dele, a Maestro ABM veio junto.

Tivemos a oportunidade de trabalhar com a Maestro e foi um divisor de água na nossa estratégia e na execução. Uma coisa fundamental para que a estratégia funcione é ter uma ferramenta de qualidade, que suporte as demandas e os touchpoints que a gente precisa executar. Então, a Maestro foi fundamental nesse processo, e a Amanda também, que esteve à frente ali com a gente, entendendo as contas, entendendo as plays.

Foi um processo muito completo e muito robusto de aprendizado. Além do trabalho do Spina e da Maestro, a gente teve a oportunidade também de participar do curso (Certificação em ABM), de entender, de participar, conhecendo outros negócios, entendendo outras possibilidades. Foi, e tem sido, uma jornada muito interessante em relação à estratégia que, dentro de um universo B2B, realmente performa, funciona, mas que envolve todo um desenvolvimento, todo um alinhamento necessário. E quando isso acontece, o resultado é certo".

8.3 A maestrina da orquestra

Por último, e nem um pouco menos importante, convidei a especialista em ABM, Amanda Feitosa. Amandinha, eu contratei ela no Distrito, tive oportunidade de ensinar a metodologia e por diversas vezes fazendo, aprendendo e também conseguimos estruturar melhor nossos processos que foi base para ajudar os nosso clientes e fornecer essa estrutura, ficou feliz em ver o seu crescimento junto a empresa.

> "A minha relação com a ABM começou em 2020 em uma empresa de inovação aberta. Fui para ser analista pleno de growth, com o objetivo de trabalhar as corporações para que elas conseguissem se conectar com outras startups.
>
> O meu desafio principal era trabalhar a partir do inbound marketing, de aquisição, para trazer essas novas contas. Ao me conectar com o Felipe Spina, que na época era o head no squad de growth, eu pude conhecer o ABM, e foi extremamente importante.
>
> Desde o dia 1 já comprei a metodologia. Isso porque minhas experiências anteriores eram voltadas para pré-vendas e para inbound marketing. Eu trabalhei em empresas de software, principalmente software tributário, que era uma venda supercomplexa, uma negociação de 9 a 11 meses. A gente via que aquela geração de leads, aquela insistência, era muito cansativa, porque não era algo assertivo; a taxa de conversão era extremamente baixa, e a gente sempre buscava alguma maneira de conectar aquele contato.
>
> Até então, eu não tinha sido apresentada ao ABM. Com a minha ida para esta empresa de inovação aberta foi extremamente importante conhecer a metodologia, porque eu tive a oportunidade de testar touchpoints, testar plays, aprender e errar junto com o Spina, que é referência na área. Dali em diante testamos por setores, tanto financeiro, quanto varejo e área da saúde. No final de 2021 ele fez a transição para a Maestro ABM, e no começo de 2022 eu recebi o convite para ser uma das especialistas em ABM na empresa.
>
> Eu fiquei extremamente feliz, e foi ali o meu primeiro contato com o atendimento ao cliente. Atualmente, eu já prestei consultoria para mais de 30 contas, de maneira semanal. Vejo vários cenários sobre o ABM. Em empresas que têm uma equipe extremamente estruturada,

extremamente enxuta, setores diferentes, desde logística, saúde, ERP, financeiro, dados. Toda essa fase é muito importante, porque essa construção está sendo bem valiosa tanto para a Maestro quanto para os nossos clientes. Nesse período aqui, que a gente vem construindo ao longo desses quase dois anos, tenho aprendido muito e conseguido contribuir muito, também, com os nossos clientes.

Hoje eu paro para pensar que, se não fosse o meu *sim* para acreditar no ABM, muitas portas não teriam se aberto.

Em meio a todas essas oportunidades, em 2022, a gente entendeu que a maior parte dos ABMers no Brasil são mulheres, e aí veio o insight de criar a comunidade Women in ABM. Atualmente são mais de 150 mulheres profissionais que trabalham com ABM ou que são entusiastas, e é muito importante perceber esse movimento entre as profissionais do mercado.

O ABM tem sido muito relevante tanto para os nossos clientes quanto aqui na Maestro, porque a gente faz ABM para vender ABM. Então, a gente come da própria ração, como o Spina menciona algumas vezes, e constantemente aprendemos. Tanto na parte da consultoria quanto na parte do software, trazer esse olhar mais inteligente está sendo supervalioso. E eu tenho certeza de que este é só o começo.

O ABM é supernovo no Brasil, é um momento que a gente está implementando, evangelizando a palavra do ABM, mas daqui a alguns anos outras empresas verão os resultados, entenderão a efetividade, que não estamos falando mais com um lead, e sim estamos falando com a conta — então, quem são os influenciadores? Quem são os decisores? Quem são as pessoas que podem ser detratores naquela operação? Para isso a gente precisa personalizar as mensagens, e o ABM vem muito ao encontro da personalização em toda a experiência, tanto da conta quanto do contato. Eu sou muito grata por fazer parte dessa construção e tenho certeza de que vamos colher frutos valiosos no futuro".

CONSIDERAÇÕES FINAIS

Parabéns por chegar até aqui! Fico feliz em saber que você acompanhou mais esta etapa da minha jornada. Se der uma olhada na história da minha vida, verá que comecei com o *Facebook Marketing*, lançado em 2011. Na época, o foco era estratégias direcionadas ao Facebook, atraindo aqueles que migravam do Orkut. Em 2013, publiquei *Technical Marketing*, que abordava o processo de vendas online digital com base em 12 etapas. Essas experiências, tanto no primeiro livro quanto na área de produtos, me proporcionaram conhecimentos técnicos valiosos. Ambos os livros eram bastante técnicos. O terceiro livro, de 2019, também seguiu essa abordagem. *Personalização* abordava ferramentas e estratégias, mas não poderia deixar de mencionar a importância das pessoas em todos esses livros, inclusive neste focado na metodologia de Account-Based Marketing.

Já perdi as contas, de pessoas que falavam, sempre quis fazer ABM, mas… "[escreva sua razão aqui]".

É muito simples: faça!

Evite delegar o que deve ser feito.

No Capítulo 5 do livro de 2019, já havia pensado sobre o ABM. A personalização, que é a chave para o ABM, não pode deixar de abordar o fator humano. É necessário entender as pessoas para trabalhar nesse processo, mesmo que demande tempo e valha para o longo prazo. Não é uma estratégia rápida, mas é efetiva e mensurável. Ter esse entendimento é apaixonante, e venho trabalhando nisso desde 2017, principalmente em vendas, marketing e atendimento ao cliente. Essa expertise abrange toda a experiência, desde a venda até como conduzir o processo. Vai além do marketing e das vendas, influenciando sua experiência geral, o que ajudará a aprimorar esses processos. É um caminho interessante para conquistar e encantar novos clientes, focando na experiência.

Espero que você tenha gostado de tudo o que trabalhamos juntos ao longo deste livro e que possa implementar essas ações em seu trabalho. Antes de encerrar, gostaria de compartilhar alguns materiais ricos. Recomendo conferir a bibliografia para continuar estudando conosco.

Adoraria receber seus feedbacks e acompanhar cada etapa desse processo. Será muito gratificante saber que dei um empurrãozinho em sua estratégia. Valorizo muito a dedicação que colocamos nisso.

Deixo aqui alguns materiais para vocês:

Confira todas as vídeo-aulas feitas para a construção desse livro:
Basta apontar a câmera do seu celular para o QR Code ao lado.

A certificação em ABM.
Basta apontar a câmera do seu celular para o QR Code ao lado.

O primeiro portal de ABM do Brasil.
Basta apontar a câmera do seu celular para o QR Code ao lado.

A comunidade Women in ABM, voltada para mulheres com encontros mensais e presenciais.
Basta apontar a câmera do seu celular para o QR Code ao lado.

O livro ABM for Babies: Descomplicando o Account-Based Marketing, que explora os fundamentos do ABM.

O Playbook de Orquestração, que apresenta a metodologia de ABM.

O ABX, que explora as melhores práticas que surgiram em torno do ABM somadas ao importante fator de experiência do cliente.

Além disso, temos outros materiais disponíveis, como podcasts, vídeos no YouTube e certificações.

Basta apontar a câmera do seu celular para o QR Code ao lado.

Obrigado você que acompanhou até aqui, é muito gratificante colocar essa obra no ar. Experiências de quem pratica e respira isso todos os dias. Nada melhor que trabalhar com o que gosta e sempre melhorar a experiência e personalização (vide último livro).

A gente perde,

A gente ganha,

As coisas vem,

As coisas vão,

A única coisa que arde,

A levantar todo dia,

É o amor!

Amor, é que constrói!

E o que você quer construir?

Mais um vez! Dedico este livro aos meus pais, especialmente ao meu pai, Fernando Spina, que nos deixou este ano. Estou dedicando tudo a ele, pois foi gratificante construir tudo isso para você, pai. Agradeço.

Grande abraço, Felipe Spina.

SUGESTÃO DE LEITURA:

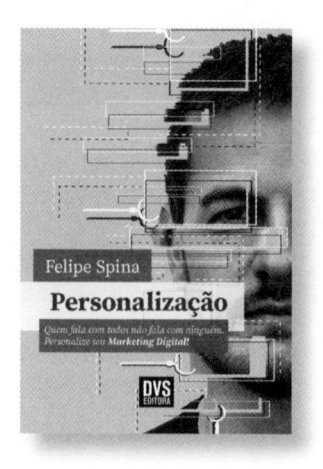

PERSONALIZAÇÃO
*Quem fala com todos não fala com ninguém.
Personalize seu Marketing Digital!*

www.dvseditora.com.br

Impressão e Acabamento | Gráfica Viena
Todo papel desta obra possui certificação FSC® do fabricante.
Produzido conforme melhores práticas de gestão ambiental (ISO 14001)
www.graficaviena.com.br